PREFACIO

La colección de guías de conversación para viajar "Todo irá bien" publicada por T&P Books está diseñada para personas que viajan al extranjero para turismo y negocios. Las guías contienen lo más importante - los elementos esenciales para una comunicación básica.Éste es un conjunto de frases imprescindibles para "sobrevivir" mientras está en el extranjero.

Esta guía de conversación le ayudará en la mayoría de los casos donde usted necesite pedir algo, conseguir direcciones, saber cuánto cuesta algo, etc. Puede también resolver situaciones difíciles de la comunicación donde los gestos no pueden ayudar.

Este libro contiene muchas frases que han sido agrupadas según los temas más relevantes.También encontrará un mini diccionario con palabras útiles - números, hora, calendario, colores…

Llévese la guía de conversación "Todo irá bien" en el camino y tendrá una insustituible compañera de viaje que le ayudará a salir de cualquier situación y le enseñará a no temer hablar con extranjeros.

TABLA DE CONTENIDOS

Pronunciación	5
Lista de abreviaturas	6
Guía de conversación Español-Hebreo	9
Mini Diccionario	81

T&P Books Publishing

PRONUNCIACIÓN

El nombre de la letra	La letra	Ejemplo hebreo	T&P alfabeto fonético	Ejemplo español
Alef	א	אריה	[a], [a:]	altura
	א	אחד	[ɛ], [ɛ:]	buceo
	א	מָאָה	['] (hamza)	oclusiva glotal sorda
Bet	ב	בית	[b]	en barco
Guímel	ג	גמל	[g]	jugada
Guímel+geresh	ג׳	ג׳ונגל	[dʒ]	jazz
Dálet	ד	דג	[d]	desierto
Hei	ה	הר	[h]	registro
Vav	ו	וסת	[v]	travieso
Zayn	ז	זאב	[z]	desde
Zayn+geresh	ז׳	ז׳ורנל	[ʒ]	adyacente
Jet	ח	חוט	[x]	reloj
Tet	ט	טוב	[t]	torre
Yod	י	יום	[j]	asiento
Kaf	ך כ	בריש	[k]	charco
Lámed	ל	לחם	[l]	lira
Mem	ם מ	מלך	[m]	nombre
Nun	ן נ	נר	[n]	número
Sámaj	ס	סוס	[s]	salva
Ayin	ע	עין	[a], [a:]	altura
	ע	תְשַעִים	['] (ayn)	fricativa faríngea sonora
Pei	ף פ	פיל	[p]	precio
Tzadi	ץ צ	צעצוע	[ts]	tsunami
Tzadi+geresh	ץ׳ צ׳	צ׳ק	[tʃ]	mapache
Qof	ק	קוף	[k]	charco
Resh	ר	רכבת	[r]	R francesa (gutural)
Shin	ש	שלחן, עָשְׂרִים	[s], [ʃ]	salva, shopping
Taf	ת	תפוז	[t]	torre

LISTA DE ABREVIATURAS

hombre	-	hablando a un hombre
mujer	-	hablando a una mujer
hombre	-	un hombre habla
hombre hombre	-	un hombre habla con un hombre
hombre mujer	-	un hombre habla con una mujer
mujer	-	una mujer habla
mujer hombre	-	una mujer habla con un hombre
mujer mulher	-	una mujer habla con una mujer
mujeres	-	unas mujeres están hablando
pareja, hombres	-	una pareja o unos hombres hablan

Abreviatura en español

adj	-	adjetivo
adv	-	adverbio
anim.	-	animado
conj	-	conjunción
etc.	-	etcétera
f	-	sustantivo femenino
f pl	-	femenino plural
fam.	-	uso familiar
fem.	-	femenino
form.	-	uso formal
inanim.	-	inanimado
innum.	-	innumerable
m	-	sustantivo masculino
m pl	-	masculino plural
m, f	-	masculino, femenino
masc.	-	masculino
mat	-	matemáticas
mil.	-	militar
num.	-	numerable
p.ej.	-	por ejemplo
pl	-	plural
pron	-	pronombre
sg	-	singular

v aux	-	verbo auxiliar
vi	-	verbo intransitivo
vi, vt	-	verbo intransitivo, verbo transitivo
vr	-	verbo reflexivo
vt	-	verbo transitivo

Abreviatura en hebreo

ז	-	masculino
ז"ר	-	masculino plural
ז, נ	-	masculino, femenino
נ	-	femenino
נ"ר	-	femenino plural

GUÍA DE CONVERSACIÓN HEBREO

Esta sección contiene frases importantes que pueden resultar útiles en varias situaciones de la vida real. La Guía le ayudará a pedir direcciones, aclaración sobre precio, comprar billetes, y pedir alimentos en un restaurante

T&P Books Publishing

CONTENIDO DE LA GUÍA DE CONVERSACIÓN

Lo más imprescindible	12
Preguntas	15
Necesidades	16
Preguntar por direcciones	18
Carteles	20
Transporte. Frases generales	22
Comprar billetes	24
Autobús	26
Tren	28
En el tren. Diálogo (Sin billete)	30
Taxi	32
Hotel	34
Restaurante	38
De Compras	40
En la ciudad	42
Dinero	44

Tiempo	46
Saludos. Presentaciones.	48
Despedidas	51
Idioma extranjero	53
Disculpas	55
Acuerdos	56
Rechazo. Expresar duda	57
Expresar gratitud	59
Felicitaciones , Mejores Deseos	61
Socializarse	63
Compartir impresiones. Emociones	67
Problemas, Accidentes	69
Problemas de salud	72
En la farmacia	75
Lo más imprescindible	77

T&P Books Publishing

Lo más imprescindible

Perdone, ... (⇨ hombre)	slaχ li, ...
	סלח לי, ...
Perdone, ... (⇨ mujer)	silχi li, ...
	סלחי לי, ...
Hola.	ʃalom.
	שלום.
Gracias.	toda.
	תודה.
Sí.	ken.
	כן.
No.	lo.
	לא.
No lo sé. (hombre ⇨)	ani lo yo'deʻa.
	אני לא יודע.
No lo sé. (mujer ⇨)	ani lo yo'daʻat.
	אני לא יודעת.
¿Dónde? | ¿A dónde? | ¿Cuándo?	eifo? | le'an? | matai?
	איפה? | לאן? | מתי?
Necesito ... (hombre ⇨)	ani tsariχ ...
	אני צריך ...
Necesito ... (mujer ⇨)	ani tsriχa ...
	אני צריכה ...
Quiero ... (hombre ⇨)	ani rotse ...
	אני רוצה ...
Quiero ... (mujer ⇨)	ani rotsa ...
	אני רוצה ...
¿Tiene ...? (⇨ hombre)	ha'im yeʃ leχa ...?
	האם יש לך ...?
¿Tiene ...? (⇨ mujer)	ha'im yeʃ laχ ...?
	האם יש לך ...?
¿Hay ... por aquí?	ha'im yeʃ po ...?
	האם יש פה ...?
¿Puedo ...? (hombre ⇨)	ha'im ani yaχol ...?
	האם אני יכול ...?
¿Puedo ...? (mujer ⇨)	ha'im ani yeχola ...?
	האם אני יכולה ...?
..., por favor? (petición educada)	..., bevakaʃa
	בבקשה, ...
Busco ... (hombre ⇨)	ani meχapes ...
	אני מחפש ...
Busco ... (mujer ⇨)	ani meχa'peset ...
	אני מחפשת ...

Colección de guías de conversación
"¡Todo irá bien!"

T&P Books Publishing

GUÍA DE CONVERSACIÓN
— HEBREO —

LAS PALABRAS Y LAS FRASES MÁS ÚTILES

Esta Guía de Conversación contiene las frases y las preguntas más comunes necesitadas para una comunicación básica con extranjeros

Andrey Taranov

Guía de conversación + diccionario de 250 palabras

Guía de conversación Español-Hebreo y mini diccionario de 250 palabras

por Andrey Taranov

La colección de guías de conversación para viajar "Todo irá bien" publicada por T&P Books está diseñada para personas que viajan al extranjero para turismo y negocios. Las guías contienen lo más importante - los elementos esenciales para una comunicación básica. Éste es un conjunto de frases imprescindibles para "sobrevivir" mientras está en el extranjero.

También encontrará un mini diccionario con 250 palabras útiles necesarias para la comunicación diaria - los nombres de los meses y de los días de la semana, medidas, miembros de la familia, y más.

Copyright © 2024 T&P Books Publishing

Todos los derechos reservados. Ninguna porción de este libro puede reproducirse o utilizarse de ninguna manera o por ningún medio; sea electrónico o mecánico, lo cual incluye la fotocopia, grabación o información almacenada y sistemas de recuperación, sin el permiso escrito de la editorial.

T&P Books Publishing
www.tpbooks.com

ISBN: 978-1-78716-989-0

Este libro está disponible en formato electrónico o de E-Book también.
Visite www.tpbooks.com o las librerías electrónicas más destacadas en la Red.

el servicio	ʃerutim שירותים
un cajero automático	kaspomat כספומט
una farmacia	beit mer'kaχat בית מרקחת
el hospital	beit χolim בית חולים
la comisaría	taχanat miʃtara תחנת משטרה
el metro	ra'kevet taχtit רכבת תחתית
un taxi	monit, 'teksi מונית, טקסי
la estación de tren	taχanat ra'kevet תחנת רכבת

Me llamo ...	kor'im li ... קוראים לי ...
¿Cómo se llama? (⇨ hombre)	eiχ kor'im leχa? איך קוראים לך?
¿Cómo se llama? (⇨ mujer)	eiχ kor'im laχ? איך קוראים לך?

¿Puede ayudarme, por favor? (⇨ hombre)	ha'im ata yaχol la'azor li? האם אתה יכול לעזור לי?
¿Puede ayudarme, por favor? (⇨ mujer)	ha'im at yeχola la'azor li? האם את יכולה לעזור לי?
Tengo un problema.	yeʃ li be'aya. יש לי בעייה.
Me encuentro mal. (hombre ⇨)	ani lo margiʃ tov. אני לא מרגיש טוב.
Me encuentro mal. (mujer ⇨)	ani lo margiʃa tov. אני לא מרגישה טוב.

¡Llame a una ambulancia! (⇨ hombre)	hazmen 'ambulans! הזמן אמבולנס!
¡Llame a una ambulancia! (⇨ mujer)	haz'mini 'ambulans! הזמיני אמבולנס!
¿Puedo llamar, por favor? (hombre ⇨)	ha'im ani yaχol lehitkaʃer? האם אני יכול להתקשר?
¿Puedo llamar, por favor? (mujer ⇨)	ha'im ani yeχola lehitkaʃer? האם אני יכולה להתקשר?

Lo siento. (hombre ⇨)	ani mitsta'er. אני מצטער.
Lo siento. (mujer ⇨)	ani mitsta''eret. אני מצטערת.
De nada.	ein be'ad ma, bevakaʃa. אין בעד מה, בבקשה.
Yo	ani אני

tú (masc.)	ata אתה
tú (fem.)	at את
él	hu הוא
ella	hi היא
ellos	hem הם
ellas	hen הן
nosotros /nosotras/	a'naxnu אנחנו
ustedes, vosotros (masc.)	atem אתם
ustedes, vosotras (fem.)	aten אתן
usted (masc.)	ata אתה
usted (fem.)	at את

ENTRADA	knisa כניסה
SALIDA	yetsi'a יציאה
FUERA DE SERVICIO	lo po'el לא פועל
CERRADO	sagur סגור
ABIERTO	pa'tuax פתוח
PARA SEÑORAS	lenaʃim לנשים
PARA CABALLEROS	ligvarim לגברים

Preguntas

¿Dónde?	eifo? איפה?
¿A dónde?	le'an? לאן?
¿De dónde?	me''eifo? מאיפה?
¿Por qué?	lama? למה?
¿Con que razón?	me''eizo siba? מאיזו סיבה?
¿Cuándo?	matai? מתי?
¿Cuánto tiempo?	kama zman? כמה זמן?
¿A qué hora?	be''eizo ʃa'a? באיזו שעה?
¿Cuánto?	kama? כמה?
¿Tiene ...? (⇨ hombre)	ha'im yeʃ leχa ...? האם יש לך ...?
¿Tiene ...? (⇨ mujer)	ha'im yeʃ laχ ...? האם יש לך ...?
¿Dónde está ...?	eifo ...? איפה ...?
¿Qué hora es?	ma haʃa'a? מה השעה?
¿Puedo llamar, por favor? (hombre ⇨)	ha'im ani yaχol lehitkaʃer? האם אני יבול להתקשר?
¿Puedo llamar, por favor? (mujer ⇨)	ha'im ani yeχola lehitkaʃer? האם אני יבולה להתקשר?
¿Quién es?	mi ʃam? מי שם?
¿Se puede fumar aquí?	ha'im mutar le'aʃen kan? האם מותר לעשן כאן?
¿Puedo ...? (hombre ⇨)	ha'im ani yaχol ...? האם אני יבול ...?
¿Puedo ...? (mujer ⇨)	ha'im ani yeχola ...? האם אני יבולה ...?

Necesidades

Quisiera ... (hombre ⇨)	ha'yiti rotse ... **הייתי רוצה ...**
Quisiera ... (mujer ⇨)	ha'yiti rotsa ... **הייתי רוצה ...**
No quiero ... (hombre ⇨)	ani lo rotse ... **אני לא רוצה ...**
No quiero ... (mujer ⇨)	ani lo rotsa ... **אני לא רוצה ...**
Tengo sed. (hombre ⇨)	ani tsame. **אני צמא.**
Tengo sed. (mujer ⇨)	ani tsme'a. **אני צמאה.**
Tengo sueño.	ani rotse lishon. **אני רוצה לישון.**
Quiero ... (hombre ⇨)	ani rotse ... **אני רוצה ...**
Quiero ... (mujer ⇨)	ani rotsa ... **אני רוצה ...**
lavarme	lishtof panim veya'dayim **לשטוף פנים וידיים**
cepillarme los dientes	letsax'tseax shi'nayim **לצחצח שיניים**
descansar un momento	la'nuax ktsat **לנוח קצת**
cambiarme de ropa	lehaxlif bgadim **להחליף בגדים**
volver al hotel	laxazor lamalon **לחזור למלון**
comprar ...	liknot ... **לקנות ...**
ir a ...	la'lexet le ... **ללכת ל ...**
visitar ...	levaker be ... **לבקר ב ...**
quedar con ...	lehipagesh im ... **להיפגש עם ...**
hacer una llamada	letalfen, lehitkasher **לטלפן, להתקשר**
Estoy cansado. (hombre ⇨)	ani ayef. **אני עייף.**
Estoy cansada. (mujer ⇨)	ani ayefa. **אני עייפה.**

Estamos cansados. (pareja, hombres ⇨)	a'naxnu ayefim.
	אנחנו עייפים.
Estamos cansadas. (mujeres ⇨)	anaxnu ayefot.
	אנחנו עייפות.
Tengo frío.	kar li.
	קר לי.
Tengo calor.	xam li.
	חם לי.
Estoy bien.	ani be'seder.
	אני בסדר.

Tengo que hacer una llamada. (hombre ⇨)	ani tsarix lehitkasher.
	אני צריך להתקשר.
Tengo que hacer una llamada. (mujer ⇨)	ani tsrixa lehitkasher.
	אני צריכה להתקשר.
Necesito ir al servicio. (hombre ⇨)	ani tsarix lesherutim.
	אני צריך ללכת לשירותים.
Necesito ir al servicio. (mujer ⇨)	ani tsrixa lesherutim.
	אני צריכה ללכת לשירותים.
Me tengo que ir. (hombre ⇨)	ani tsarix la'lexet.
	אני צריך ללכת.
Me tengo que ir. (mujer ⇨)	ani tsrixa la'lexet.
	אני צריכה ללכת.
Me tengo que ir ahora. (hombre ⇨)	ani xayav la'lexet axshav.
	אני חייב ללכת עכשיו.
Me tengo que ir ahora. (mujer ⇨)	ani xa'yevet la'lexet axshav.
	אני חייבת ללכת עכשיו.

Preguntar por direcciones

Perdone, ... (hombre ⇨)	slaχ li, ...
	סלח לי, ...
Perdone, ... (mujer ⇨)	silχi li, ...
	סלחי לי, ...
¿Dónde está ...?	eifo ...?
	איפה ...?
¿Por dónde está ...?	eiχ megi'im le ...?
	איך מגיעים ל ...?
¿Puede ayudarme, por favor? (⇨ hombre)	ha'im ata yaχol la'azor li, bevakaʃa?
	האם אתה יכול לעזור לי, בבקשה?
¿Puede ayudarme, por favor? (⇨ mujer)	ha'im at yeχola la'azor li, bevakaʃa?
	האם את יכולה לעזור לי, בבקשה?
Busco ... (hombre ⇨)	ani meχapes ...
	אני מחפש ...
Busco ... (mujer ⇨)	ani meχa'peset ...
	אני מחפשת ...
Busco la salida. (hombre ⇨)	ani meχapes et hayetsi'a.
	אני מחפש את היציאה.
Busco la salida. (mujer ⇨)	ani meχa'peset et hayetsi'a.
	אני מחפשת את היציאה.
Voy a ... (hombre ⇨)	ani holeχ le ...
	אני הולך ל ...
Voy a ... (mujer ⇨)	ani ho'leχet le ...
	אני הולכת ל ...
¿Voy bien por aquí para ...?	ha'im ani bakivun hanaχon le ...?
	האם אני בביוון הנכון ל ...?
¿Está lejos?	ha'im ze raχok?
	האם זה רחוק?
¿Puedo llegar a pie?	ha'im efʃar leha'gi'a leʃam ba'regel?
	האם אפשר להגיע לשם ברגל?
¿Puede mostrarme en el mapa? (⇨ hombre)	ha'im ata yaχol lehar'ot li al hamapa?
	האם אתה יכול להראות לי על המפה?
¿Puede mostrarme en el mapa? (⇨ mujer)	ha'im at yeχola lehar'ot li al hamapa?
	האם את יכולה להראות לי על המפה?
Por favor muestreme dónde estamos. (⇨ hombre)	har'e li heiχan 'anu nimtsa'im aχʃav.
	הראה לי היכן אנו נמצאים עכשיו.
Por favor muestreme dónde estamos. (⇨ mujer)	har'i li heiχan 'anu nimtsa'im aχʃav.
	הראי לי היכן אנו נמצאים עכשיו.
Aquí	kan, po
	כאן, פה
Allí	ʃam
	שם

Por aquí	lekan
	לכאן
Gire a la derecha. (⇨ hombre)	pne ya'mina.
	פנה ימינה.
Gire a la derecha. (⇨ mujer)	pni ya'mina.
	פני ימינה.
Gire a la izquierda. (⇨ hombre)	pne 'smola.
	פנה שמאלה.
Gire a la izquierda. (⇨ mujer)	pni 'smola.
	פני שמאלה.
la primera (segunda, tercera) calle	pniya riʃona (ʃniya, ʃliʃit)
	פנייה ראשונה (שנייה, שלישית)
a la derecha	ya'mina
	ימינה
a la izquierda	smola
	שמאלה
Siga recto. (⇨ hombre)	lex yaʃar.
	לך ישר.
Siga recto. (⇨ mujer)	lexi yaʃar.
	לכי ישר.

Carteles

¡BIENVENIDO!	bruxim haba'im!	ברוכים הבאים!
ENTRADA	knisa	כניסה
SALIDA	yetsi'a	יציאה

EMPUJAR	dxof	דחוף
TIRAR	mʃox	משוך
ABIERTO	pa'tuax	פתוח
CERRADO	sagur	סגור

PARA SEÑORAS	lenaʃim	לנשים
PARA CABALLEROS	ligvarim	לגברים
CABALLEROS	gvarim	גברים
SEÑORAS	naʃim	נשים

REBAJAS	hanaxot	הנחות
VENTA	mivtsa	מבצע
GRATIS	xinam, bexinam	חינם, בחינם
¡NUEVO!	xadaʃ!	חדש!
ATENCIÓN	sim lev!	שים לב!

COMPLETO	ein mekomot pnuyim	אין מקומות פנויים
RESERVADO	ʃamur	שמור
ADMINISTRACIÓN	hanhala	הנהלה
SÓLO PERSONAL AUTORIZADO	le'ovdim bilvad	לעובדים בלבד

CUIDADO CON EL PERRO	zehirut, 'kelev! **!זהירות כלב**
NO FUMAR	asur leʿaʃen! **!אסור לעשן**
NO TOCAR	asur laʿgaʿat! **!אסור לגעת**

PELIGROSO	mesukan **מסוכן**
PELIGRO	sakana **סכנה**
ALTA TENSIÓN	metaχ gaʿvoha **מתח גבוה**
PROHIBIDO BAÑARSE	asur lisχot! **!אסור לשחות**

FUERA DE SERVICIO	lo poʿel **לא פועל**
INFLAMABLE	dalik **דליק**
PROHIBIDO	asur **אסור**
PROHIBIDO EL PASO	ein maʿavar **אין מעבר**
RECIÉN PINTADO	tseva laχ, 'tseva tari **צבע לח, צבע טרי**

CERRADO POR RENOVACIÓN	sagur leʃiputsim **סגור לשיפוצים**
EN OBRAS	avodot bakviʃ **עבודות בכביש**
DESVÍO	maʿakaf **מעקף**

T&P Books. Guía de conversación Español-Hebreo y mini diccionario de 250 palabras

Transporte. Frases generales

el avión	matos מטוס
el tren	ra'kevet רכבת
el bus	'otobus אוטובוס
el ferry	ma'a'boret מעבורת
el taxi	monit מונית
el coche	meχonit מכונית
el horario	luaχ zmanim לוח זמנים
¿Dónde puedo ver el horario?	heiχan efʃar lir'ot et 'luaχ hazmanim? היכן אפשר לראות את לוח הזמנים?
días laborables	yemei avoda ימי עבודה
fines de semana	sofei ʃa'vu'a סופי שבוע
días festivos	χagim חגים
SALIDA	hamra'a המראה
LLEGADA	neχita נחיתה
RETRASADO	ikuv עיכוב
CANCELADO	bitul ביטול
siguiente (tren, etc.)	haba /haba'a/ הבא /הבאה/
primero	riʃon /riʃona/ ראשון /ראשונה/
último	aχaron /aχrona/ אחרון /אחרונה/
¿Cuándo pasa el siguiente ...?	matai ha ... haba /haba'a/? מתי ה ... הבא /הבאה/?
¿Cuándo pasa el primer ...?	matai ha ... hariʃon /hariʃona/? מתי ה ... הראשון /הראשונה/?

¿Cuándo pasa el último ...?	matai ha ... ha'axaron /ha'axrona/?
	מתי ה ... האחרון /האחרונה?
el trasbordo (cambio de trenes, etc.)	haxlafa, ko'nekʃen
	החלפה, קונקשן
hacer un trasbordo	la'asot haxlafa
	לעשות החלפה
¿Tengo que hacer un trasbordo? (hombre ⇒)	ha'im ani tsarix la'asot haxlafa?
	האם אני צריך לעשות החלפה?
¿Tengo que hacer un trasbordo? (mujer ⇒)	ha'im ani tsrixa la'asot haxlafa?
	האם אני צריכה לעשות החלפה?

Comprar billetes

¿Dónde puedo comprar un billete?	heixan efʃar liknot kartisim? היכן אפשר לקנות כרטיסים?
el billete	kartis כרטיס
comprar un billete	liknot kartis לקנות כרטיס
precio del billete	mexir kartis מחיר כרטיס
¿Para dónde?	le'an? לאן?
¿A qué estación?	le''eizo taxana? לאיזו תחנה?
Necesito … (hombre ⇨)	ani tsarix … אני צריך ...
Necesito … (mujer ⇨)	ani tsrixa … אני צריכה ...
un billete	kartis exad כרטיס אחד
dos billetes	ʃnei kartisim שני כרטיסים
tres billetes	ʃloʃa kartisim שלושה כרטיסים
sólo ida	kivun exad כיוון אחד
ida y vuelta	halox vaʃov הלוך ושוב
en primera (primera clase)	maxlaka riʃona מחלקה ראשונה
en segunda (segunda clase)	maxlaka ʃniya מחלקה שנייה
hoy	hayom היום
mañana	maxar מחר
pasado mañana	maxara'tayim מחרתיים
por la mañana	ba'boker בבוקר
por la tarde	axar hatsaha'rayim אחר הצהריים
por la noche	ba''erev בערב

asiento de pasillo	moʃav bamaʻavar **מושב במעבר**
asiento de ventanilla	moʃav leyad haxalon **מושב ליד החלון**
¿Cuánto cuesta?	kama? **?כמה**
¿Puedo pagar con tarjeta?	ha'im eʃʃar leʃalem bekatrtis aʃrai? **?האם אפשר לשלם בברטיס אשראי**

Autobús

el autobús	'otobus
	אוטובוס
el autobús interurbano	'otobus bein ironi
	אוטובוס בין-עירוני
la parada de autobús	taχanat 'otobus
	תחנת אוטובוס
¿Dónde está la parada de autobuses más cercana?	eifo taχanat ha''otobus hakrova beyoter?
	איפה תחנת האוטובוס הקרובה ביותר?

número	mispar
	מספר
¿Qué autobús tengo que tomar para ...?	eize 'otobus tsariχ la'kaχat kedei leha'gi'a le...?
	איזה אוטובוס צריך לקחת כדי להגיע ל...?
¿Este autobús va a ...?	ha'im ha''otobus haze ma'gi'a le ...?
	האם האוטובוס הזה מגיע ל ?...
¿Cada cuanto pasa el autobús?	ma hatadirut ʃel ha'oto'busim?
	מה התדירות של האוטובוסים?

cada 15 minutos	kol χameʃ esre dakot
	כל חמש עשרה דקות
cada media hora	kol χatsi ʃa'a
	כל חצי שעה
cada hora	kol ʃa'a
	כל שעה
varias veces al día	mispar pe'amim beyom
	מספר פעמים ביום
... veces al día	... pe'amim beyom
	... פעמים ביום

el horario	luaχ zmanim
	לוח זמנים
¿Dónde puedo ver el horario?	heiχan efʃar lir'ot et 'luaχ hazmanim?
	היכן אפשר לראות את לוח הזמנים?
¿Cuándo pasa el siguiente autobús?	matai ha''otobus haba?
	מתי האוטובוס הבא?
¿Cuándo pasa el primer autobús?	matai ha''otobus hariʃon?
	מתי האוטובוס הראשון?
¿Cuándo pasa el último autobús?	matai ha''otobus ha'aχaron?
	מתי האוטובוס האחרון?

la parada	taxanat atsira תחנת עצירה
la siguiente parada	hataxana haba'a התחנה הבאה
la última parada	taxana axrona תחנה אחרונה
Pare aquí, por favor. (⇨ hombre)	atsor kan, bevakaʃa. עצור כאן, בבקשה.
Pare aquí, por favor. (⇨ mujer)	itsri kan, bevakaʃa. עצרי כאן, בבקשה.
Perdone, esta es mi parada. (⇨ hombre)	slax li, zo hataxana ʃeli. סלח לי, זו התחנה שלי.
Perdone, esta es mi parada. (⇨ mujer)	silxi li, zo hataxana ʃeli. סלחי לי, זו התחנה שלי.

Tren

el tren	ra'kevet
	רכבת
el tren de cercanías	ra'kevet parvarim
	רכבת פרברים
el tren de larga distancia	ra'kevet bein ironit
	רכבת בין-עירונית
la estación de tren	taxanat ra'kevet
	תחנת רכבת
Perdone, ¿dónde está la salida al andén? (⇨ hombre)	slax li, 'eifo hayetsi'a laratsif?
	סלח לי, איפה היציאה לרציף?
Perdone, ¿dónde está la salida al andén? (⇨ mujer)	silxi li, 'eifo hayetsi'a laratsif?
	סלחי לי, איפה היציאה לרציף?
¿Este tren va a ...?	ha'im hara'kevet hazo megi'a le ...?
	האם הרכבת הזו מגיעה ל ...?
el siguiente tren	hara'kevet haba'a
	הרכבת הבאה
¿Cuándo pasa el siguiente tren?	matai hara'kevet haba'a?
	מתי הרכבת הבאה?
¿Dónde puedo ver el horario?	heixan efʃar lir'ot et 'luax hazmanim?
	היכן אפשר לראות את לוח הזמנים?
¿De qué andén?	me''eize ratsif?
	מאיזה רציף?
¿Cuándo llega el tren a ...?	matai hara'kevet megi'a le ...?
	מתי הרכבת מגיעה ל ...?
Ayudeme, por favor. (⇨ hombre)	azor li bevakaʃa.
	עזור לי בבקשה.
Ayudeme, por favor. (⇨ mujer)	izri li bevakaʃa.
	עזרי לי בבקשה.
Busco mi asiento. (hombre ⇨)	ani mexapes et hamoʃav ʃeli.
	אני מחפש את המושב שלי.
Busco mi asiento. (mujer ⇨)	ani mexa'peset et hamoʃav ʃeli.
	אני מחפשת את המושב שלי.
Buscamos nuestros asientos. (pareja, hombres ⇨)	anu mexapsim et hamoʃavim ʃe'lanu
	אנו מחפשים את המושבים שלנו.
Buscamos nuestros asientos. (mujeres ⇨)	anu mexapsot et hamoʃavim ʃe'lanu
	אנו מחפשות את המושבים שלנו.
Mi asiento está ocupado.	hamoʃav ʃeli tafus.
	המושב שלי תפוס.
Nuestros asientos están ocupados.	hamoʃavim ʃe'lanu tfusim.
	המושבים שלנו תפוסים.

Perdone, pero ese es mi asiento. (hombre ⇨)	ani mitsta'er, aval ze hamoʃav ʃeli. אני מצטער, אבל זה המושב שלי.
Perdone, pero ese es mi asiento. (mujer ⇨)	ani mitsta"eret, aval ze hamoʃav ʃeli. אני מצטערת, אבל זה המושב שלי.
¿Está libre?	ha'im hamoʃav haze tafus? האם המושב הזה תפוס?
¿Puedo sentarme aquí? (hombre ⇨)	ha'im ani yaxol la'ʃevet kan? האם אני יכול לשבת כאן?
¿Puedo sentarme aquí? (mujer ⇨)	ha'im ani yexola laʃevet kan? האם אני יכולה לשבת כאן?

En el tren. Diálogo (Sin billete)

Su billete, por favor.	kartis, bevakaʃa.	כרטיס, בבקשה.
No tengo billete.	ein li kartis.	אין לי כרטיס.
He perdido mi billete.	i'badti et hakartis ʃeli.	איבדתי את הכרטיס שלי.
He olvidado mi billete en casa.	ʃa'χaχti et hakartis ʃeli ba'bayit	שכחתי את הכרטיס שלי בבית.

Le puedo vender un billete. (⇨ hombre)	ata yaχol liknot kartis mi'meni.	אתה יכול לקנות כרטיס ממני.
Le puedo vender un billete. (⇨ mujer)	at yeχola liknot kartis mi'meni.	את יבולה לקנות כרטיס ממני.
También deberá pagar una multa. (⇨ hombre)	titstareχ gam leʃalem knas.	תצטרך גם לשלם קנס.
También deberá pagar una multa. (⇨ mujer)	titstarχi gam leʃalem knas.	תצטרכי גם לשלם קנס.
Vale.	okei.	אוקיי.
¿A dónde va usted? (⇨ hombre)	le'an ata no'seʻa?	לאן אתה נוסע?
¿A dónde va usted? (⇨ mujer)	le'an at nos'aʻat?	לאן את נוסעת?
Voy a ... (hombre ⇨)	ani no'seʻa le ...	אני נוסע ל ...
Voy a ... (mujer ⇨)	ani nos'aʻat le ...	אני נוסעת ל ...

¿Cuánto es? No lo entiendo. (hombre ⇨)	kama? ani lo mevin.	כמה? אני לא מבין.
¿Cuánto es? No lo entiendo. (mujer ⇨)	kama? ani lo mevina.	כמה? אני לא מבינה.
Escríbalo, por favor. (⇨ hombre)	ktov li et ze, bevakaʃa.	כתוב לי את זה, בבקשה.
Escríbalo, por favor. (⇨ mujer)	kitvi li et ze, bevakaʃa.	כתבי לי את זה, בבקשה.
Vale. ¿Puedo pagar con tarjeta?	okei. ha'im efʃar leʃalem bekartis aʃrai?	אוקיי. האם אפשר לשלם בכרטיס אשראי?
Sí, puede.	ken, efʃar.	כן, אפשר.
Aquí está su recibo. (⇨ hombre)	hine hakabala ʃelχa.	הנה הקבלה שלך.
Aquí está su recibo. (⇨ mujer)	hine hakabala ʃelaχ'	הינה הקבלה שלך

Disculpe por la multa. (hombre ⇨)	ani mitsta'er be'kefer laknas.
	אני מצטער בקשר לקנס.
Disculpe por la multa. (mujer ⇨)	ani mitsta"eret be'kefer laknas.
	אני מצטערת בקשר לקנס.
No pasa nada. Fue culpa mía.	ze be'seder. zo ajmati.
	זה בסדר. זו אשמתי.
Disfrute su viaje.	tiyul mehane.
	טיול מהנה.

Taxi

taxi	monit
	מונית
taxista (masc.)	nahag monit
	נהג מונית
taxista (fem.)	na'heget monit
	נהגת מונית
coger un taxi	litpos monit
	לתפוס מונית
parada de taxis	taxanat moniyot
	תחנת מוניות
¿Dónde puedo coger un taxi?	eifo eſſar la'kaxat monit?
	איפה אפשר לקחת מונית?

llamar a un taxi	lehazmin monit
	להזמין מונית
Necesito un taxi. (hombre ⇨)	ani tsarix monit
	אני צריך מונית
Necesito un taxi. (mujer ⇨)	ani tsrixa monit
	אני צריכה מונית
Ahora mismo.	axſav.
	עכשיו.
¿Cuál es su dirección? (⇨ hombre)	ma ha'ktovet ſelxa?
	מה הכתובת שלך?
¿Cuál es su dirección? (⇨ mujer)	ma ha'ktovet ſelax?
	מה הכתובת שלך?
Mi dirección es ...	ha'ktovet ſeli hi ...
	הכתובת שלי היא ...
¿Cuál es el destino? (⇨ hombre)	le'an ata no'se'a?
	לאן אתה נוסע?
¿Cuál es el destino? (⇨ mujer)	le'an at nos'a'at?
	לאן את נוסעת?

Perdone, ... (⇨ hombre)	slax li, ...
	סלח לי, ...
Perdone, ... (⇨ mujer)	silxi li, ...
	סלחי לי, ...
¿Está libre? (⇨ hombre)	ha'im ata panui?
	האם אתה פנוי?
¿Está libre? (⇨ mujer)	ha'im at pnuya?
	האם את פנויה?
¿Cuánto cuesta ir a ...?	kama ze ole lin'so'a le ...?
	כמה זה עולה לנסוע ל ...?
¿Sabe usted dónde está? (⇨ hombre)	ha'im ata yo'de'a 'eifo ze?
	האם אתה יודע איפה זה?

Español	Transliteración	Hebreo
¿Sabe usted dónde está? (⇨ mujer)	ha'im at yod'a‘at 'eifo ze?	האם את יודעת איפה זה?
Al aeropuerto, por favor.	lisde hate‘ufa, bevakaʃa.	לשדה התעופה, בבקשה.
Pare aquí, por favor. (⇨ hombre)	atsor kan, bevakaʃa.	עצור כאן, בבקשה.
Pare aquí, por favor. (⇨ mujer)	itsri kan, bevakaʃa.	עצרי כאן, בבקשה.
No es aquí.	ze lo kan.	זה לא כאן.
La dirección no es correcta.	zo lo ha'ktovet haneχona.	זו לא הכתובת הנכונה.
Gire a la izquierda. (⇨ hombre)	pne 'smola.	פנה שמאלה.
Gire a la izquierda. (⇨ mujer)	pni 'smola.	פני שמאלה.
Gire a la derecha. (⇨ hombre)	pne ya'mina.	פנה ימינה.
Gire a la derecha. (⇨ mujer)	pni ya'mina.	פני ימינה.
¿Cuánto le debo? (hombre ⇨)	kama me'gi‘a leχa?	כמה מגיע לך?
¿Cuánto le debo? (mujer ⇨)	kama me'gi‘a laχ?	כמה מגיע לך?
¿Me da un recibo, por favor?	efʃar lekabel kabala, bevakaʃa?	אפשר לקבל קבלה, בבקשה?
Quédese con el cambio. (⇨ hombre)	ʃmor et ha"odef.	שמור את העודף.
Quédese con el cambio. (⇨ mujer)	ʃimri et ha"odef.	שמרי את העודף.
Espéreme, por favor. (⇨ hombre)	ha'im ata muχan leχakot li, bevakaʃa?	האם אתה מוכן לחכות לי, בבקשה?
Espéreme, por favor. (⇨ mujer)	ha'im at muχana leχakot li, bevakaʃa?	האם את מוכנה לחכות לי, בבקשה?
cinco minutos	χameʃ dakot	חמש דקות
diez minutos	eser dakot	עשר דקות
quince minutos	χameʃ esre dakot	חמש עשרה דקות
veinte minutos	esrim dakot	עשרים דקות
media hora	χatsi ʃa‘a	חצי שעה

Hotel

Hola.	ʃalom.
	שלום.
Me llamo ...	kor'im li ...
	קוראים לי ...
Tengo una reserva.	yeʃ li hazmana.
	יש לי הזמנה.
Necesito ... (hombre ⇨)	ani tsariχ ...
	אני צריך ...
Necesito ... (mujer ⇨)	ani tsriχa ...
	אני צריכה ...
una habitación individual	χeder leyaχid
	חדר ליחיד
una habitación doble	χeder zugi
	חדר זוגי
¿Cuánto cuesta?	kama ze ole?
	במה זה עולה?
Es un poco caro.	ze ktsat yakar.
	זה קצת יקר.
¿Tiene alguna más? (⇨ hombre)	ha'im yeʃ leχa 'optsiyot aχerot?
	האם יש לך אופציות אחרות?
¿Tiene alguna más? (⇨ mujer)	ha'im yeʃ laχ 'optsiyot aχerot?
	האם יש לך אופציות אחרות?
Me quedo.	ani ekaχ et ze.
	אני אקח את זה.
Pagaré en efectivo.	ani eʃalem bimzuman.
	אני אשלם במזומן.
Tengo un problema.	yeʃ li be'aya.
	יש לי בעיה.
Mi ... no funciona. (masc.)	ha ... ʃeli mekulkal.
	ה ... שלי מקולקל.
Mi ... no funciona. (fem.)	ha ... ʃeli mekul'kelet.
	ה ... שלי מקולקלת.
Mi ... está fuera de servicio. (masc.)	ha ... ʃeli lo oved.
	ה ... שלי לא עובד.
Mi ... está fuera de servicio. (fem.)	ha ... ʃeli lo o'vedet.
	ה ... שלי לא עובדת.
televisión	tele'vizya
	טלוויזיה
aire acondicionado	mizug avir
	מיזוג אוויר

grifo	berez ברז
ducha	mik'laxat מקלחת
lavabo	kiyor כיור
caja fuerte	ka'sefet כספת
cerradura	man'ul מנעול
enchufe	ʃeka שקע
secador de pelo	meyabeʃ se'ar מייבש שיער
No tengo …	ein li … אין לי ...
agua	mayim מים
luz	te'ura תאורה
electricidad	xaʃmal חשמל

¿Me puede dar …?	ha'im at yexola latet li …? האם את יכולה לתת לי ...?
una toalla	ma'gevet מגבת
una sábana	smixa שמיכה
unas chanclas	na'alei 'bayit נעלי בית
un albornoz	xaluk חלוק
un champú	ʃampo שמפו
jabón	sabon סבון

Quisiera cambiar de habitación. (hombre ⇨)	ani rotse lehaxlif 'xeder. אני רוצה להחליף חדר.
Quisiera cambiar de habitación. (mujer ⇨)	ani rotsa lehaxlif 'xeder. אני רוצה להחליף חדר.
No puedo encontrar mi llave. (hombre ⇨)	ani lo motse et hamaf'teax ʃeli. אני לא מוצא את המפתח שלי.
No puedo encontrar mi llave. (mujer ⇨)	ani lo motset et hamaf'teax ʃeli. אני לא מוצאת את המפתח שלי.
Por favor abra mi habitación.	ha'im ata yaxol lif'toax et xadri, bevakaʃa? האם אתה יכול לפתוח את חדרי, בבקשה?
¿Quién es?	mi ʃam? מי שם?

¡Entre!	hikanes!
	!היכנס
¡Un momento!	rak 'rega!
	!רק רגע
Ahora no, por favor.	lo axʃav, bevakaʃa.
	לא עכשיו, בבקשה.
Venga a mi habitación, por favor.	bo'i lexadri, bevakaʃa.
	בואי לחדרי, בבקשה.
Quisiera hacer un pedido. (hombre ⇨)	ani mevakeʃ lehazmin ʃerut xadarim.
	אני מבקש להזמין שירות חדרים.
Quisiera hacer un pedido. (mujer ⇨)	ani meva'keʃet lehazmin ʃerut xadarim.
	אני מבקשת להזמין שירות חדרים.
Mi número de habitación es …	mispar ha'xeder ʃeli hu …
	… מספר החדר שלי הוא
Me voy … (hombre ⇨)	ani ozev …
	… אני עוזב
Me voy … (mujer ⇨)	ani o'zevet …
	… אני עוזבת
Nos vamos … (pareja, hombres ⇨)	a'naxnu ozvim …
	… אנחנו עוזבים
Nos vamos … (mujeres ⇨)	a'naxnu ozvot …
	… אנחנו עוזבות
Ahora mismo	axʃav
	עכשיו
esta tarde	axar hatsaha'rayim
	אחר הצהריים
esta noche	ha'laila
	הלילה
mañana	maxar
	מחר
mañana por la mañana	maxar ba'boker
	מחר בבוקר
mañana por la noche	maxar ba''erev
	מחר בערב
pasado mañana	maxara'tayim
	מחרתיים
¿Dónde puedo coger un taxi?	eifo efʃar la'kaxat monit?
	?איפה אפשר לקחת מונית
¿Puede llamarme un taxi, por favor? (⇨ hombre)	ha'im ata yaxol lehazmin li monit, bevakaʃa?
	,האם אתה יכול להזמין לי מונית
	?בבקשה
¿Puede llamarme un taxi, por favor? (⇨ mujer)	ha'im at yexola lehazmin li monit, bevakaʃa?
	,האם את יכולה להזמין לי מונית
	בבקשה?
Quisiera pagar la cuenta. (hombre ⇨)	ani rotse leʃalem.
	אני רוצה לשלם.

Quisiera pagar la cuenta. (mujer ⇨)	ani rotsa leſalem.
	אני רוצה לשלם.
Todo ha estado estupendo.	hakol haya nehedar.
	הכל היה נהדר.

Restaurante

¿Puedo ver el menú, por favor?	ha'im eʃʃar lekabel tafrit, bevakaʃa?
	האם אפשר לקבל תפריט, בבקשה?
Mesa para uno.	ʃulχan leyaχid.
	שולחן ליחיד.
Somos dos (tres, cuatro).	a'naχnu 'ʃnayim (ʃloʃa, arba'a).
	אנחנו שניים (שלושה, ארבעה).
Para fumadores	me'aʃnim
	מעשנים
Para no fumadores	lo me'aʃnim
	לא מעשנים
¡Por favor! (llamar al camarero) (⇨ hombre)	slaχ li!
	סלח לי!
¡Por favor! (llamar al camarero) (⇨ mujer)	silχi li!
	סלחי לי!
la carta	tafrit
	תפריט
la carta de vinos	reʃimat yeinot
	רשימת יינות
La carta, por favor.	tafrit, bevakaʃa.
	תפריט, בבקשה.
¿Está listo para pedir? (⇨ hombre)	ha'im ata muχan lehazmin?
	האם אתה מוכן להזמין?
¿Está lista para pedir? (⇨ mujer)	ha'im at muχana lehazmin?
	האם את מוכנה להזמין?
¿Qué quieren pedir? (⇨ hombre)	ma tirtse?
	מה תרצה?
¿Qué quieren pedir? (⇨ mujer)	ma tirtsi?
	מה תרצי?
Yo quiero ... (hombre ⇨)	ani rotse ...
	אני רוצה ...
Yo quiero ... (mujer ⇨)	ani rotsa ...
	אני רוצה ...
Soy vegetariano. (hombre ⇨)	ani tsimχoni.
	אני צמחוני.
Soy vegetariana. (mujer ⇨)	ani tsimχonit.
	אני צמחונית.
carne	basar
	בשר
pescado	dagim
	דגים

verduras	yerakot ירקות
¿Tiene platos para vegetarianos?	ha'im yeʃ laxem manot tsimxoniyot? האם יש לכם מנות צמחוניות?
No como cerdo. (hombre ⇨)	ani lo oxel xazir. אני לא אוכל חזיר.
No como cerdo. (mujer ⇨)	ani lo o'xelet xazir. אני לא אוכלת חזיר.
Él no come carne.	hu lo oxel basar. הוא לא אוכל בשר.
Ella no come carne.	hi lo o'xelet basar. היא לא אוכלת בשר.
Soy alérgico a … (hombre ⇨)	ani a'lergi le … אני אלרגי ל …
Soy alérgica a … (mujer ⇨)	ani a'lergit le … אני אלרגית ל …

¿Me puede traer …, por favor? (⇨ hombre)	ha'im ata yaxol lehavi li, bevakaʃa, … האם אתה יכול להביא לי, בבקשה …
¿Me puede traer …, por favor? (⇨ mujer)	ha'im at yexola lehavi li, bevakaʃa, … האם את יכולה להביא לי, בבקשה …
sal | pimienta | azúcar	melax | 'pilpel | sukar מלח | פלפל | סוכר
café | té | postre	kafe | te | ki'nuax קפה | תה | קינוח
agua | con gas | sin gas	mayim | mugazim | regilim מים | מוגזים| רגילים
una cuchara | un tenedor | un cuchillo	kaf | mazleg | sakin כף | מזלג | סכין
un plato | una servilleta	tsa'laxat | mapit צלחת | מפית

¡Buen provecho!	bete'avon! בתיאבון!
Uno más, por favor.	od exad /axat/, bevakaʃa. עוד אחד /אחת/, בבקשה.
Estaba delicioso.	ze haya me'od ta'im. זה היה מאוד טעים.

la cuenta | el cambio | la propina	xeʃbon | 'odef | tip חשבון | עודף | טיפ
La cuenta, por favor.	xeʃbon, bevakaʃa. חשבון, בבקשה.
¿Puedo pagar con tarjeta?	ha'im eʃʃar leʃalem bekatrtis aʃrai? האם אפשר לשלם בכרטיס אשראי?
Perdone, aquí hay un error. (hombre ⇨)	ani mitsta'er, yeʃ kan ta'ut. אני מצטער, יש כאן טעות.
Perdone, aquí hay un error. (mujer ⇨)	ani mitsta"eret, yeʃ kan ta'ut. אני מצטערת, יש כאן טעות.

De Compras

¿Puedo ayudarle? (⇨ hombre)	ha'im efʃar la'azor leχa?
	?האם אפשר לעזור לך
¿Puedo ayudarle? (⇨ mujer)	ha'im efʃar la'azor laχ?
	?האם אפשר לעזור לך
¿Tiene ...?	ha'im yeʃ laχem ...?
	?... האם יש לכם
Busco ... (hombre ⇨)	ani meχapes ...
	... אני מחפש
Busco ... (mujer ⇨)	ani meχa'peset ...
	... אני מחפשת
Necesito ... (hombre ⇨)	ani tsariχ ...
	... אני צריך
Necesito ... (mujer ⇨)	ani tsriχa ...
	... אני צריכה
Sólo estoy mirando. (hombre ⇨)	ani rak mistakel.
	.אני רק מסתכל
Sólo estoy mirando. (mujer ⇨)	ani rak mista'kelet.
	.אני רק מסתכלת
Sólo estamos mirando. (pareja, hombres ⇨)	a'naχnu rak mistaklim.
	.אנחנו רק מסתכלים
Sólo estamos mirando. (mujeres ⇨)	a'naχnu rak mistaklot.
	.אנחנו רק מסתכלות
Volveré más tarde.	ani aχazor me'uχar yoter.
	.אני אחזור מאוחר יותר
Volveremos más tarde.	a'naχnu naχazor me'uχar yoter.
	.אנחנו נחזור מאוחר יותר
descuentos | oferta	hanaχot | mivtsa
	הנחות | מבצע
Por favor, enséñeme ... (⇨ hombre)	ha'im ata yaχol lehar'ot li ...
	... האם אתה יכול להראות לי
Por favor, enséñeme ... (⇨ mujer)	ha'im at yeχola lehar'ot li ...
	... האם את יכולה להראות לי
¿Me puede dar ..., por favor? (⇨ hombre)	ha'im ata yaχol latet li, bevakaʃa ...
	... האם אתה יכול לתת לי, בבקשה
¿Me puede dar ..., por favor? (⇨ mujer)	ha'im at yeχola latet li, bevakaʃa ...
	... האם את יכולה לתת לי, בבקשה
¿Puedo probarmelo? (hombre ⇨)	ha'im ani yaχol limdod et ze?
	?האם אני יכול למדוד את זה
¿Puedo probarmelo? (mujer ⇨)	ha'im ani yeχola limdod et ze?
	?האם אני יכולה למדוד את זה
Perdone, ¿dónde están los probadores? (⇨ hombre)	slaχ li, 'eifo χadar hahalbaʃa?
	?סלח לי, איפה חדר ההלבשה

Perdone, ¿dónde están los probadores? (⇨ mujer)	silxi li, 'eifo xadar hahalbaʃa? סלחי לי, איפה חדר ההלבשה?
¿Qué color le gustaría? (⇨ hombre)	eize 'tseva ha'yita rotse? איזה צבע היית רוצה?
¿Qué color le gustaría? (⇨ mujer)	eize 'tseva hayit rotsa? איזה צבע היית רוצה?
la talla | el largo	mida | 'orex מידה | אורך
¿Cómo le queda? (¿Está bien?) (⇨ hombre)	ha'im ze mat'im lexa? האם זה מתאים לך?
¿Cómo le queda? (¿Está bien?) (⇨ mujer)	ha'im ze mat'im lax? האם זה מתאים לך?
¿Cuánto cuesta esto?	kama ze ole? כמה זה עולה?
Es muy caro.	ze yakar midai. זה יקר מידי.
Me lo llevo.	ani ekax et ze. אני אקח את זה.
Perdone, ¿dónde está la caja? (hombre ⇨)	slax li, 'eifo meʃalmim? סלח לי, איפה משלמים?
Perdone, ¿dónde está la caja? (mujer ⇨)	silxi li, 'eifo 'meʃalmim? סלחי לי, איפה משלמים?
¿Pagará en efectivo o con tarjeta? (⇨ hombre)	ha'im ata meʃalem bimzuman o bekartis aʃrai? האם אתה משלם במזומן או בכרטיס אשראי?
¿Pagará en efectivo o con tarjeta? (⇨ mujer)	ha'im at meʃa'lemet bimzuman o bekartis aʃrai? האם את משלמת במזומן או בכרטיס אשראי?
en efectivo | con tarjeta	bimzuman | bekartis aʃrai במזומן | בכרטיס אשראי
¿Quiere el recibo? (⇨ hombre)	ha'im ata rotse et hakabala? האם אתה רוצה את הקבלה?
¿Quiere el recibo? (⇨ mujer)	ha'im at rotsa et hakabala? האם את רוצה את הקבלה?
Sí, por favor.	ken, bevakaʃa. כן, בבקשה.
No, gracias.	lo, ze be'seder. לא, זה בסדר.
Gracias. ¡Que tenga un buen día! (⇨ hombre)	toda. ʃeyihye lexa yom na'im! תודה. שיהיה לך יום נעים!
Gracias. ¡Que tenga un buen día! (⇨ mujer)	toda. ʃeyihye lax yom na'im! תודה. שיהיה לך יום נעים!

En la ciudad

Perdone, por favor. (⇨ hombre)	slaχ li, bevakaʃa.
	סלח לי, בבקשה.
Perdone, por favor. (⇨ mujer)	silχi li, bevakaʃa.
	סלחי לי, בבקשה.
Busco … (hombre ⇨)	ani meχapes …
	אני מחפש ...
Busco … (mujer ⇨)	ani meχa'peset …
	אני מחפשת ...
el metro	ra'kevet taχtit
	רכבת תחתית
mi hotel	et hamalon ʃeli
	את המלון שלי
el cine	et hakol'no'a
	את הקולנוע
una parada de taxis	taχanat moniyot
	תחנת מוניות

un cajero automático	kaspomat
	כספומט
una oficina de cambio	misrad mat'be'a χuts
	משרד מטבע חוץ
un cibercafé	beit kafe 'internet
	בית קפה אינטרנט
la calle …	reχov …
	רחוב ...
este lugar	hamakom haze
	המקום הזה

¿Sabe usted dónde está …? (⇨ hombre)	ha'im ata yo'de'a heiχan nimtsa …?
	האם אתה יודע היכן נמצא ?...
¿Sabe usted dónde está …? (⇨ mujer)	ha'im at yo'da'at heiχan nimtsa …?
	האם את יודעת היכן נמצא ?...
¿Cómo se llama esta calle?	eize reχov ze?
	איזה רחוב זה?
Muestreme dónde estamos ahora. (⇨ hombre)	har'e li heiχan 'anu nimtsa'im aχʃav.
	הראה לי היכן אנו נמצאים עכשיו.
Muestreme dónde estamos ahora. (⇨ mujer)	har'i li heiχan anu nimtsa'im aχʃav.
	הראי לי היכן אנו נמצאים עכשיו.
¿Puedo llegar a pie?	ha'im efʃar leha'gi'a leʃam ba'regel?
	האם אפשר להגיע לשם ברגל?
¿Tiene un mapa de la ciudad? (⇨ hombre)	ha'im yeʃ leχa mapa ʃel ha'ir?
	האם יש לך מפה של העיר?
¿Tiene un mapa de la ciudad? (⇨ mujer)	ha'im yeʃ laχ mapa ʃel ha'ir?
	האם יש לך מפה של העיר?

¿Cuánto cuesta la entrada?	kama ole kartis knisa? ?כמה עולה כרטיס כניסה
¿Se pueden hacer fotos aquí?	ha'im mutar letsalem kan? ?האם מותר לצלם כאן
¿Está abierto?	ha'im atem ptuxim? ?האם אתם פתוחים
¿A qué hora abren?	matai atem potxim? ?מתי אתם פותחים
¿A qué hora cierran?	matai atem sogrim? ?מתי אתם סוגרים

Dinero

dinero	kesef כסף
efectivo	mezuman מזומן
billetes	ʃtarot 'kesef שטרות כסף
monedas	kesef katan כסף קטן
la cuenta | el cambio | la propina	χeʃbon | 'odef | tip חשבון | עודף | טיפ
la tarjeta de crédito	kartis aʃrai כרטיס אשראי
la cartera	arnak ארנק
comprar	liknot לקנות
pagar	leʃalem לשלם
la multa	knas קנס
gratis	χinam חינם
¿Dónde puedo comprar …?	eifo efʃar liknot …? איפה אפשר לקנות ?…
¿Está el banco abierto ahora?	ha'im ha'bank pa'tuaχ aχʃav? האם הבנק פתוח עכשיו?
¿A qué hora abre?	matai ze nisgar? מתי זה נפתח?
¿A qué hora cierra?	matai ze niftaχ? מתי זה נסגר?
¿Cuánto cuesta?	kama? כמה?
¿Cuánto cuesta esto?	kama ze ole? כמה זה עולה?
Es muy caro.	ze yakar midai. זה יקר מידי.
Perdone, ¿dónde está la caja?	sliχa, 'eifo meʃalmim? סליחה, איפה משלמים?
La cuenta, por favor.	χeʃbon, bevakaʃa. חשבון, בבקשה.

Español	Transliteración	Hebreo
¿Puedo pagar con tarjeta?	ha'im efʃar leʃalem bekatrtis aʃrai?	?האם אפשר לשלם בכרטיס אשראי
¿Hay un cajero por aquí?	ha'im yeʃ kan kaspomat?	?האם יש כאן כספומט
Busco un cajero automático. (hombre ⇨)	ani mexapes kaspomat.	.אני מחפש כספומט
Busco un cajero automático. (mujer ⇨)	ani mexa'peset kaspomat.	.אני מחפשת כספומט
Busco una oficina de cambio. (hombre ⇨)	ani mexapes misrad mat'be'a xuts.	.אני מחפש משרד מטבע חוץ
Busco una oficina de cambio. (mujer ⇨)	ani mexa'peset misrad mat'be'a xuts.	.אני מחפשת משרד מטבע חוץ
Quisiera cambiar … (hombre ⇨)	ani rotse lehaxlif …	… אני רוצה להחליף
Quisiera cambiar … (mujer ⇨)	ani rotsa lehaxlif …	… אני רוצה להחליף
¿Cuál es el tipo de cambio?	ma 'ʃa'ar haxalifin?	?מה שער החליפין
¿Necesita mi pasaporte? (⇨ hombre)	ha'im ata tsarix et hadarkon ʃeli?	?האם אתה צריך את הדרכון שלי
¿Necesita mi pasaporte? (⇨ mujer)	ha'im at tsrixa et hadarkon ʃeli?	?האם את צריכה את הדרכון שלי

Tiempo

¿Qué hora es?	ma haʃaʻa? ?מה השעה
¿Cuándo?	matai? ?מתי
¿A qué hora?	be"eizo ʃaʻa? ?באיזו שעה
ahora | luego | después de …	aχʃav | aχar kaχ | aχrei … עכשיו | אחר כך | אחרי ...
la una	aχat אחת
la una y cuarto	aχat vaʼreva אחת ורבע
la una y medio	aχat vaʼχetsi אחת וחצי
las dos menos cuarto	aχat arbaʻim veχameʃ אחת ארבעים וחמש
una | dos | tres	aχat | ʃtayim | ʃaloʃ אחת | שתיים | שלוש
cuatro | cinco | seis	arba | χameʃ | ʃeʃ ארבע | חמש | שש
siete | ocho | nueve	ʃeva | ʻʃmone | ʻteʃa שבע | שמונה | תשע
diez | once | doce	eser | aχat esre | ʃtem esre עשר | אחת עשרה | שתים עשרה
en …	toχ … תוך ...
cinco minutos	χameʃ dakot חמש דקות
diez minutos	eser dakot עשר דקות
quince minutos	χameʃ esre dakot חמש עשרה דקות
veinte minutos	esrim dakot עשרים דקות
media hora	χatsi ʃaʻa חצי שעה
una hora	ʃaʻa שעה
por la mañana	baʼboker בבוקר

por la mañana temprano	mukdam ba'boker, haʃkem ba'boker **מוקדם בבוקר, השכם בבוקר**
esta mañana	ha'boker **הבוקר**
mañana por la mañana	maxar ba'boker **מחר בבוקר**

al mediodía	batsaha'rayim **בצהריים**
por la tarde	axar hatsaha'rayim **אחר הצהריים**
por la noche	ba"erev **בערב**
esta noche	ha'laila **הלילה**

por la noche	ba'laila **בלילה**
ayer	etmol **אתמול**
hoy	hayom **היום**
mañana	maxar **מחר**
pasado mañana	maxara'tayim **מחרתיים**

¿Qué día es hoy?	eize yom hayom? **איזה יום היום?**
Es …	hayom … **היום …**
lunes	yom ʃeni **יום שני**
martes	yom ʃliʃi **יום שלישי**
miércoles	yom revi'i **יום רביעי**

jueves	yom xamiʃi **יום חמישי**
viernes	yom ʃiʃi **יום שישי**
sábado	ʃabat **שבת**
domingo	yom riʃon **יום ראשון**

Saludos. Presentaciones.

Encantado de conocerle. (hombre ⇨ hombre)	ani sameaχ lehakir otχa. אני שמח להכיר אותך.
Encantado de conocerle. (hombre ⇨ mujer)	ani sameaχ lehakir otaχ. אני שמח להכיר אותך.
Encantada de conocerle. (mujer ⇨ hombre)	ani smeχa lifgoʃ otχa. אני שמחה לפגוש אותך.
Encantada de conocerle. (mujer ⇨ mulher)	ani smeχa lifgoʃ otaχ. אני שמחה לפגוש אותך.
Hola.	ʃalom. שלום.
Yo también.	gam ani. גם אני.
Le presento a … (hombre ⇨ hombre)	ha'yiti rotse ʃetakir et … הייתי רוצה שתכיר את …
Le presento a … (hombre ⇨ mujer)	ha'yiti rotse ʃeta'kiri et … הייתי רוצה שתבירי את …
Le presento a … (mujer ⇨ hombre)	ha'yiti rotsa ʃetakir et … הייתי רוצה שתכיר את …
Le presento a … (mujer ⇨ mulher)	ha'yiti rotsa ʃeta'kiri et … הייתי רוצה שתבירי את …
Encantado. (⇨ hombre)	na'im lifgoʃ otχa. נעים לפגוש אותך
Encantada. (⇨ mujer)	na'im lifgoʃ otaχ. נעים לפגוש אותך.
¿Cómo está? (⇨ hombre)	ma ʃlomχa? מה שלומך?
¿Cómo está? (⇨ mujer)	ma ʃlomeχ? מה שלומך?
Me llamo …	kor'im li … קוראים לי …
Se llama …	kor'im lo … קוראים לו …
Se llama …	kor'im la … קוראים לה …
¿Cómo se llama (usted)? (⇨ hombre)	eiχ kor'im leχa? איך קוראים לך?
¿Cómo se llama (usted)? (⇨ mujer)	eiχ kor'im laχ? איך קוראים לך?
¿Cómo se llama (él)?	eiχ kor'im lo? איך קוראים לו?
¿Cómo se llama (ella)?	eiχ kor'im la? איך קוראים לה?

¿Cuál es su apellido? (⇨ hombre)	ma ʃem hamiʃpaxa ʃelxa? **מה שם המשפחה שלך?**
¿Cuál es su apellido? (⇨ mujer)	ma ʃem hamiʃpaxa ʃelax? **מה שם המשפחה שלך?**
Puede llamarme … (⇨ hombre)	ata yaxol likro li … **אתה יבול לקרוא לי ...**
Puede llamarme … (⇨ mujer)	at yexola likro li … **את יכולה לקרוא לי ...**
¿De dónde es usted? (⇨ hombre)	me"eifo ata? **מאיפה אתה?**
¿De dónde es usted? (⇨ mujer)	me"eifo at? **מאיפה את?**
Yo soy de ….	ani mi … **אני מ ...**
¿A qué se dedica? (⇨ hombre)	bema ata oved? **במה אתה עובד?**
¿A qué se dedica? (⇨ mujer)	bema at o'vedet? **במה את עובדת?**

¿Quién es? (masc.)	mi ze? **מי זה?**
¿Quién es? (fem.)	mi zo? **מי זו?**
¿Quién es él?	mi ze? **מי זה?**
¿Quién es ella?	mi zo? **מי זו?**
¿Quiénes son?	mi 'ele? **מי אלה?**

Este es …	ze … **זה ...**
mi amigo	xaver ʃeli **חבר שלי**
mi marido	ba'ali **בעלי**
mi padre	avi **אבי**
mi hermano	axi **אחי**
mi hijo	bni **בני**

Esta es …	zo … **זו ...**
mi amiga	xavera ʃeli **חברה שלי**
mi mujer	iʃti **אשתי**
mi madre	immi **אמי**

mi hermana	aχoti **אחותי**
mi hija	biti **בתי**

Este es nuestro hijo.	ze haben ʃe'lanu. **זה הבן שלנו.**
Esta es nuestra hija.	zo habat ʃe'lanu. **זו הבת שלנו.**
Estos son mis hijos.	ele hayeladim ʃeli. **אלה הילדים שלי.**
Estos son nuestros hijos.	ele hayeladim ʃe'lanu. **אלה הילדים שלנו.**

Despedidas

¡Adiós!	ʃalom! שלום!
¡Chau!	bai! ביי!
Hasta mañana.	lehitra'ot maxar. להתראות מחר.
Hasta pronto.	lehitra'ot bekarov. להתראות בקרוב.
Te veo a las siete.	lehitra'ot beʃeva. להתראות בשבע.
¡Que se diviertan!	asu xayim! עשו חיים!
Hablamos más tarde.	lehiʃta'me'a. להשתמע.
Que tengas un buen fin de semana.	sof ʃa'vu'a na'im. סוף שבוע נעים.
Buenas noches.	laila tov. לילה טוב.
Es hora de irme.	hi'gi'a zmani la'lexet. הגיע זמני ללכת.
Tengo que irme. (hombre ⇨)	ani xayav la'lexet. אני חייב ללכת.
Tengo que irme. (mujer ⇨)	ani xa'yevet la'lexet. אני חייבת ללכת.
Ahora vuelvo.	ani axazor miyad. אני אחזור מייד.
Es tarde.	kvar me'uxar. כבר מאוחר.
Tengo que levantarme temprano. (hombre ⇨)	ani tsarix lakum mukdam. אני צריך לקום מוקדם.
Tengo que levantarme temprano. (mujer ⇨)	ani tsrixa lakum mukdam. אני צריכה לקום מוקדם.
Me voy mañana. (hombre ⇨)	ani ozev maxar. אני עוזב מחר.
Me voy mañana. (mujer ⇨)	ani o'zevet maxar. אני עוזבת מחר.
Nos vamos mañana. (pareja, hombres ⇨)	a'naxnu ozvim maxar. אנחנו עוזבים מחר.
Nos vamos mañana. (mujeres ⇨)	a'naxnu ozvot maxar. אנחנו עוזבות מחר.

¡Que tenga un buen viaje!	nesi'a tova!
	!נסיעה טובה
Ha sido un placer. (⇨ hombre)	haya neχmad lifgoʃ otχa.
	.היה נחמד לפגוש אותך
Ha sido un placer. (⇨ mujer)	haya neχmad lifgoʃ otaχ.
	.היה נחמד לפגוש אותך
Fue un placer hablar con usted. (⇨ hombre)	haya na'im ledaber itχa.
	.היה נעים לדבר איתך
Fue un placer hablar con usted. (⇨ mujer)	haya na'im ledaber itaχ.
	.היה נעים לדבר איתך
Gracias por todo.	toda al hakol.
	.תודה על הכל

Lo he pasado muy bien.	nehe'neti me'od.
	.נהניתי מאוד
Lo pasamos muy bien.	nehe'nenu me'od.
	.נהנינו מאוד
Fue genial.	ze haya mamaʃ nehedar.
	.זה היה ממש נהדר
Le voy a echar de menos. (⇨ hombre)	ani etga'a'ge'a e'leχa.
	.אני אתגעגע אליך
Le voy a echar de menos. (⇨ mujer)	ani etga'a'ge'a e'layiχ.
	.אני אתגעגע אלייך
Le vamos a echar de menos. (⇨ hombre)	a'naχnu nitga'a'ge'a e'leχa.
	.אנחנו נתגעגע אליך
Le vamos a echar de menos. (⇨ mujer)	a'naχnu nitga'a'ge'a e'layiχ.
	.אנחנו נתגעגע אלייך

¡Suerte!	behatslaχa!
	!בהצלחה
Saludos a … (⇨ hombre)	msor daʃ le …
	… מסור ד"ש ל
Saludos a … (⇨ mujer)	misri daʃ le …
	… מסרי ד"ש ל

Idioma extranjero

No entiendo. (hombre ⇨)   ani lo mevin.
אני לא מבין.

No entiendo. (mujer ⇨)   ani lo mevina.
אני לא מבינה.

Escríbalo, por favor. (⇨ hombre)   ktov li et ze, bevakaʃa.
כתוב לי את זה, בבקשה.

Escríbalo, por favor. (⇨ mujer)   kitvi li et ze, bevakaʃa.
כתבי לי את זה, בבקשה.

¿Habla usted ...? (⇨ hombre)   ha'im ata medaber ...?
האם אתה מדבר ...?

¿Habla usted ...? (⇨ mujer)   ha'im at meda'beret ...?
האם את מדברת ...?

Hablo un poco de ... (hombre ⇨)   ani medaber ktsat ...
אני מדבר קצת ...

Hablo un poco de ... (mujer ⇨)   ani meda'beret ktsat ...
אני מדברת קצת ...

inglés   anglit
אנגלית

turco   turkit
טורקית

árabe   aravit
ערבית

francés   tsarfatit
צרפתית

alemán   germanit
גרמנית

italiano   italkit
איטלקית

español   sfaradit
ספרדית

portugués   portu'gezit
פורטוגזית

chino   sinit
סינית

japonés   ya'panit
יפנית

¿Puede repetirlo, por favor? (⇨ hombre)   ha'im ata yaxol laxazor al ze, bevakaʃa?
האם אתה יכול לחזור על זה, בבקשה?

¿Puede repetirlo, por favor? (⇨ mujer)   ha'im at yexola laxazor al ze, bevakaʃa?
האם את יכולה לחזור על זה, בבקשה?

Lo entiendo. (hombre ⇨)	ani mevin. **אני מבין.**
Lo entiendo. (mujer ⇨)	ani mevina. **אני מבינה.**
No entiendo. (hombre ⇨)	ani lo mevin. **אני לא מבין.**
No entiendo. (mujer ⇨)	ani lo mevina. **אני לא מבינה.**
Hable más despacio, por favor. (⇨ hombre)	ana daber yoter le'at. **אנא דבר יותר לאט.**
Hable más despacio, por favor. (⇨ mujer)	ana dabri yoter le'at. **אנא דברי יותר לאט.**
¿Está bien?	ha'im ze naxon? **האם זה נכון?**
¿Qué es esto? (¿Que significa esto?)	ma ze? **מה זה?**

Disculpas

Perdone, por favor. (⇨ hombre)	slaχ li, bevakaʃa.
	סלח לי, בבקשה.
Perdone, por favor. (⇨ mujer)	silχi li, bevakaʃa.
	סלחי לי, בבקשה.
Lo siento. (hombre ⇨)	ani mitsta'er.
	אני מצטער.
Lo siento. (mujer ⇨)	ani mitsta"eret.
	אני מצטערת.
Lo siento mucho. (hombre ⇨)	ani mamaʃ mitsta'er.
	אני ממש מצטער.
Lo siento mucho. (mujer ⇨)	ani mamaʃ mitsta"eret.
	אני ממש מצטערת.
Perdón, fue culpa mía.	sliχa, zo aʃmati.
	סליחה, זו אשמתי.
Culpa mía.	ta'ut ʃeli.
	טעות שלי.
¿Puedo …? (hombre ⇨)	ha'im ani yaχol …?
	האם אני יכול ?...
¿Puedo …? (mujer ⇨)	ha'im ani yeχola …?
	האם אני יכולה ?...
¿Le molesta si …? (⇨ hombre)	ha'im iχpat leχa im ani …?
	האם איכפת לך אם אני ?...
¿Le molesta si …? (⇨ mujer)	ha'im iχpat laχ im ani …?
	האם איכפת לך אם אני ?...
¡No hay problema! (No pasa nada.)	ze be'seder.
	זה בסדר.
Todo está bien.	ze be'seder.
	זה בסדר.
No se preocupe. (⇨ hombre)	al taχʃov al ze.
	אל תחשוב על זה.
No se preocupe. (⇨ mujer)	al taχʃevi al ze.
	אל תחשבי על זה.

Acuerdos

Sí.	ken.
	כן.
Sí, claro.	ken, bevadai.
	כן, בוודאי.
Bien.	tov!
	טוב!
Muy bien.	be'seder gamur.
	בסדר גמור.
¡Claro que sí!	bevadai!
	בוודאי!
Estoy de acuerdo. (hombre ⇨)	ani maskim.
	אני מסכים.
Estoy de acuerdo. (mujer ⇨)	ani maskima.
	אני מסכימה.
Es verdad.	ze naxon.
	זה נכון.
Es correcto.	ze naxon.
	זה נכון.
Tiene razón. (⇨ hombre)	ata tsodek.
	אתה צודק.
Tiene razón. (⇨ mujer)	at tso'deket.
	את צודקת.
No me molesta.	lo meʃane li.
	לא משנה לי.
Es completamente cierto.	naxon me'od.
	נכון מאוד.
Es posible.	yitaxen, ze efʃari.
	ייתכן, זה אפשרי.
Es una buena idea.	ze ra'ayon tov.
	זה רעיון טוב.
No puedo decir que no. (hombre ⇨)	ani lo yaxol lesarev.
	אני לא יכול לסרב.
No puedo decir que no. (mujer ⇨)	ani lo yexola lesarev.
	אני לא יכולה לסרב.
Estaré encantado /encantada/.	esmax la'asot et ze.
	אשמח לעשות את זה.
Será un placer.	bekef.
	בכיף.

Rechazo. Expresar duda

No.	lo. לא.
Claro que no.	ba'tuaχ ʃelo. בטוח שלא.
No estoy de acuerdo. (hombre ⇨)	ani lo maskim. אני לא מסכים.
No estoy de acuerdo. (mujer ⇨)	ani lo maskima. אני לא מסכימה.
No lo creo. (hombre ⇨)	ani lo χoʃev kaχ. אני לא חושב בך.
No lo creo. (mujer ⇨)	ani lo χoʃevet kaχ. אני לא חושבת בך.
No es verdad.	ze lo naχon. זה לא נכון.
No tiene razón. (⇨ hombre)	ata to'e. אתה טועה.
No tiene razón. (⇨ mujer)	at to'a. את טועה.
Creo que no tiene razón. (hombre ⇨ hombre)	ani χoʃev ʃe'ata to'e. אני חושב שאתה טועה.
Creo que no tiene razón. (hombre ⇨ mujer)	ani χoʃev ʃe'at to'a. אני חושב שאת טועה.
Creo que no tiene razón. (mujer ⇨ hombre)	ani χo'ʃevet ʃe'ata to'e. אני חושבת שאתה טועה.
Creo que no tiene razón. (mujer ⇨ mulher)	ani χo'ʃevet ʃe'at to'a. אני חושבת שאת טועה.
No estoy seguro. (hombre ⇨)	ani lo ba'tuaχ. אני לא בטוח.
No estoy segura. (mujer ⇨)	ani lo betuχa. אני לא בטוחה.
No es posible.	ze 'bilti efʃari. זה בלתי אפשרי.
¡Nada de eso!	beʃum panim va"ofen lo! בשום פנים ואופן לא!
Justo lo contrario.	bediyuk ha'hefeχ. בדיוק ההיפך.
Estoy en contra de ello. (hombre ⇨)	ani mitnaged leze. אני מתנגד לזה.
Estoy en contra de ello. (mujer ⇨)	ani mitna'gedet leze. אני מתנגדת לזה.
No me importa. (Me da igual.)	lo iχpat li. לא איכפת לי.

No tengo ni idea.	ein li musag. אין לי מושג.
Dudo que sea así. (hombre ⇨)	ani lo ba'tuax. אני לא בטוח.
Dudo que sea así. (mujer ⇨)	ani lo betuxa. אני לא בטוחה

Lo siento, no puedo. (hombre ⇨)	mitsta'er, ani lo yaxol. מצטער, אני לא יכול.
Lo siento, no puedo. (mujer ⇨)	mitsta"eret, ani lo yexola. מצטערת, אני לא יכולה.
Lo siento, no quiero. (hombre ⇨)	mitsta'er, ani lo me'unyan. מצטער, אני לא מעוניין.
Lo siento, no quiero. (mujer ⇨)	mitsta"eret, ani lo me'un'yenet. מצטערת, אני לא מעוניינת.
Gracias, pero no lo necesito. (hombre ⇨)	toda, aval ani lo tsarix et ze. תודה, אבל אני לא צריך את זה.
Gracias, pero no lo necesito. (mujer ⇨)	toda, aval ani lo tsrixa et ze. תודה, אבל אני לא צריכה את זה.

Ya es tarde.	matxil lihyot me'uxar. מתחיל להיות מאוחר.
Tengo que levantarme temprano. (hombre ⇨)	ani tsarix lakum mukdam. אני צריך לקום מוקדם.
Tengo que levantarme temprano. (mujer ⇨)	ani tsrixa lakum mukdam. אני צריכה לקום מוקדם.
Me encuentro mal. (hombre ⇨)	ani lo margiʃ tov. אני לא מרגיש טוב.
Me encuentro mal. (mujer ⇨)	ani lo margiʃa tov. אני לא מרגישה טוב.

Expresar gratitud

Gracias.	toda.
	תודה.
Muchas gracias.	toda raba.
	תודה רבה.
De verdad lo aprecio. (hombre ⇨)	ani be'emet ma'ariχ et ze.
	אני באמת מעריך את זה.
De verdad lo aprecio. (mujer ⇨)	ani be'emet ma'ariχa et ze.
	אני באמת מעריכה את זה.
Se lo agradezco. (hombre ⇨ hombre)	ani mamaʃ asir toda leχa.
	אני ממש אסיר תודה לך.
Se lo agradezco. (hombre ⇨ mujer)	ani mamaʃ asir toda laχ.
	אני ממש אסיר תודה לך.
Se lo agradezco. (mujer ⇨ hombre)	ani mamaʃ asirat toda leχa.
	אני ממש אסירת תודה לך.
Se lo agradezco. (mujer ⇨ mulher)	ani mamaʃ asirat toda laχ.
	אני ממש אסירת תודה לך.

Gracias por su tiempo. (⇨ hombre)	toda al hazman ʃehik'daʃta.
	תודה על הזמן שהקדשת.
Gracias por su tiempo. (⇨ mujer)	toda al hazman ʃehikdaʃt.
	תודה על הזמן שהקדשת.
Gracias por todo.	toda al hakol.
	תודה על הכל.
Gracias por …	toda al …
	תודה על …
su ayuda (⇨ hombre)	ezratχa
	עזרתך
su ayuda (⇨ mujer)	ezrateχ
	עזרתך
tan agradable momento	haχavaya hamehana
	החוויה המהנה

una comida estupenda	aruχa nehe'deret
	ארוחה נהדרת
una velada tan agradable	erev na'im
	ערב נעים
un día maravilloso	yom nifla
	יום נפלא
un viaje increíble	tiyul madhim
	טיול מדהים
No hay de qué.	ein be'ad ma.
	אין בעד מה.
De nada.	bevakaʃa.
	בבקשה.

Siempre a su disposición.	ein be'ad ma.
	אין בעד מה.
Encantado /Encantada/ de ayudarle.	ha"oneg kulo ʃeli.
	העונג כולו שלי.
No hay de qué.	lo meʃane.
	לא משנה.
No tiene importancia. (⇨ hombre)	al tid'ag.
	אל תדאג.
No tiene importancia. (⇨ mujer)	al tid'agi.
	אל תדאגי.

Felicitaciones, Mejores Deseos

¡Felicidades!	birxotai! ברכותיי!
¡Feliz Cumpleaños!	mazal tov leyom hahu'ledet! מזל טוב ליום ההולדת!
¡Feliz Navidad!	xag molad sa'meax! חג מולד שמח!
¡Feliz Año Nuevo!	ʃana tova! שנה טובה!

¡Felices Pascuas!	xag pasxa sa'meax! חג פסחא שמח!
¡Feliz Hanukkah!	xag 'xanuka sa'meax! חג חנוכה שמח!

Quiero brindar. (hombre ⇨)	ani rotse leharim kosit. אני רוצה להרים כוסית.
Quiero brindar. (mujer ⇨)	ani rotsa leharim kosit. אני רוצה להרים כוסית.
¡Salud!	le'xayim! לחיים!
¡Brindemos por …!	bo'u niʃte le …! בואו נשתה ל ...!
¡A nuestro éxito!	lehatslaxa'tenu! להצלחתנו!
¡A su éxito! (⇨ hombre)	lehatslaxatxa! להצלחתך!
¡A su éxito! (⇨ mujer)	lehatslaxatex! להצלחתך!

¡Suerte!	behatslaxa! בהצלחה!
¡Que tenga un buen día! (⇨ hombre)	ʃeyihye lexa yom na'im! שיהיה לך יום נעים!
¡Que tenga un buen día! (⇨ mujer)	ʃeyihye lax yom na'im! שיהיה לך יום נעים!
¡Que tenga unas buenas vacaciones!	xuffa ne'ima! חופשה נעימה!
¡Que tenga un buen viaje!	nesi'a tova! נסיעה טובה!
¡Espero que se recupere pronto! (hombre ⇨ hombre)	ani mekave ʃetaxlim maher! אני מקווה שתחלים מהר!
¡Espero que se recupere pronto! (hombre ⇨ mujer)	ani mekave ʃetax'limi maher! אני מקווה שתחלימי מהר!

¡Espero que se recupere pronto! (mujer ⇨ hombre)   ani mekava ʃetaχlim maher!
אני מקווה שתתחלים מהר!

¡Espero que se recupere pronto! (mujer ⇨ mulher)   ani mekava ʃetaχ'limi maher!
אני מקווה שתתחלימי מהר!

Socializarse

¿Por qué está triste? (⇨ hombre)	lama ata atsuv? ?למה אתה עצוב
¿Por qué está triste? (⇨ mujer)	lama at atsuva? ?למה את עצובה
¡Sonría! ¡Anímese! (⇨ hombre)	χayeχ ktsat! !חייך קצת
¡Sonría! ¡Anímese! (⇨ mujer)	χaiχi ktsat! !חייכי קצת
¿Está libre esta noche? (⇨ hombre)	ha'im ata panui ha''erev? ?האם אתה פנוי הערב
¿Está libre esta noche? (⇨ mujer)	ha'im at pnuya ha''erev? ?האם את פנויה הערב
¿Puedo ofrecerle algo de beber?	ha'im eʃʃar leha'tsi'a laχ maʃke? ?האם אפשר להציע לך משקה
¿Querría bailar conmigo? (⇨ hombre)	ha'im ata rotse lirkod? ?האם אתה רוצה לרקוד
¿Querría bailar conmigo? (⇨ mujer)	ha'im at rotsa lirkod? ?האם את רוצה לרקוד
Vamos a ir al cine. (⇨ hombre)	bo neleχ le'seret. בוא נלך לסרט.
Vamos a ir al cine. (⇨ mujer)	bo'i neleχ le'seret. בואי נלך לסרט.
¿Puedo invitarle a ...?	ha'im eʃʃar lehazmin otaχ le ...? ?...האם אפשר להזמין אותך ל
un restaurante	mis'ada מסעדה
el cine	seret סרט
el teatro	te'atron תיאטרון
dar una vuelta	letiyul ba'regel לטיול ברגל
¿A qué hora?	be''eizo ʃa'a? ?באיזו שעה
esta noche	ha'laila הלילה
a las seis	beʃeʃ בשש
a las siete	be'ʃeva בשבע

a las ocho	bi'ʃmone
	בשמונה
a las nueve	be'teʃa
	בתשע

¿Le gusta este lugar? (⇨ hombre)	ha'im hamakom motse xen be'ei'nexa?
	האם המקום מוצא חן בעיניך?
¿Le gusta este lugar? (⇨ mujer)	ha'im hamakom motse xen be'ei'nayix?
	האם המקום מוצא חן בעינייך?
¿Está aquí con alguien? (⇨ hombre)	ha'im ata nimtsa kan im 'miʃehu?
	האם אתה נמצא כאן עם מישהו?
¿Está aquí con alguien? (⇨ mujer)	ha'im at nimtset kan im 'miʃehu?
	האם את נמצאת כאן עם מישהו?
Estoy con mi amigo /amiga/.	ani kan im xaver /xavera/.
	אני כאן עם חבר /חברה/.
Estoy con amigos.	ani kan im xaverim.
	אני כאן עם חברים.
No, estoy solo /sola/.	lo, ani levad.
	לא, אני לבד.
¿Tienes novio?	ha'im yeʃ lax xaver?
	האם יש לך חבר?
Tengo novio.	yeʃ li xaver.
	יש לי חבר.
¿Tienes novia?	ha'im yeʃ lexa xavera?
	האם יש לך חברה?
Tengo novia.	yeʃ li xavera.
	יש לי חברה.

¿Te puedo volver a ver? (⇨ hombre)	ha'im tirtse lehipageʃ ʃuv?
	האם תרצה להיפגש שוב?
¿Te puedo volver a ver? (⇨ mujer)	ha'im tirtsi lehipageʃ ʃuv?
	האם תרצי להיפגש שוב?
¿Te puedo llamar? (hombre ⇨ hombre)	ha'im ani yaxol lehitkaʃer e'lexa?
	האם אני יכול להתקשר אליך?
¿Te puedo llamar? (hombre ⇨ mujer)	ha'im ani yaxol lehitkaʃer e'layix?
	האם אני יכול להתקשר אלייך?
¿Te puedo llamar? (mujer ⇨ hombre)	ha'im ani yexola lehitkaʃer e'lexa?
	האם אני יכולה להתקשר אליך?
¿Te puedo llamar? (mujer ⇨ mulher)	ha'im ani yexola lehitkaʃer e'layix?
	האם אני יכולה להתקשר אלייך?
Llámame. (⇨ hombre)	hitkaʃer elai.
	התקשר אליי.
Llámame. (⇨ mujer)	hitkaʃri elai.
	התקשרי אליי.
¿Cuál es tu número? (⇨ hombre)	ma hamispar ʃelxa?
	מה המספר שלך?
¿Cuál es tu número? (⇨ mujer)	ma hamispar ʃelax?
	מה המספר שלך?
Te echo de menos. (hombre ⇨ hombre)	ani mitga'a"ge'a e'lexa.
	אני מתגעגע אליך.
Te echo de menos. (hombre ⇨ mujer)	ani mitga'a"ge'a e'layix.
	אני מתגעגע אלייך.

Te echo de menos. (mujer ⇒ hombre)	ani mitga'a"ga'at e'leχa. אני מתגעגעת אליך.
Te echo de menos. (mujer ⇒ mulher)	ani mitga'a"ga'at e'layiχ. אני מתגעגעת אלייך.
¡Qué nombre tan bonito! (hombre ⇒ hombre)	yeʃ leχa ʃem maksim. יש לך שם מקסים.
¡Qué nombre tan bonito! (hombre ⇒ mujer)	yeʃ laχ ʃem maksim. יש לך שם מקסים.
Te quiero.	ani ohev otaχ. אני אוהב אותך.
¿Te casarías conmigo?	ha'im titχatni iti? האם תתחתני איתי?
¡Está de broma!	at tso'χeket alai! את צוחקת עליי!
Sólo estoy bromeando. (hombre ⇒)	ani stam mitba'deaχ. אני סתם מתבדח.
Sólo estoy bromeando. (mujer ⇒)	ani stam mitba'daχat. אני סתם מתבדחת.
¿En serio? (⇒ hombre)	ha'im ata retsini? האם אתה רציני?
¿En serio? (⇒ mujer)	ha'im at retsinit? האם את רצינית?
Lo digo en serio. (hombre ⇒)	ani retsini. אני רציני.
Lo digo en serio. (mujer ⇒)	ani retsinit. אני רצינית.
¿De verdad?	be'emet?! באמת?!
¡Es increíble!	ze lo ye'uman! זה לא יאומן!
No le creo. (hombre ⇒ hombre)	ani lo ma'amin leχa. אני לא מאמין לך.
No le creo. (hombre ⇒ mujer)	ani lo ma'amin laχ. אני לא מאמין לך.
No le creo. (mujer ⇒ hombre)	ani lo ma'amina leχa. אני לא מאמינה לך.
No le creo. (mujer ⇒ mulher)	ani lo ma'amina laχ. אני לא מאמינה לך.
No puedo. (hombre ⇒)	ani lo yaχol. אני לא יכול.
No puedo. (mujer ⇒)	ani lo yeχola. אני לא יכולה.
No lo sé. (hombre ⇒)	ani lo yo'de'a. אני לא יודע.
No lo sé. (mujer ⇒)	ani lo yo'da'at. אני לא יודעת.
No le entiendo. (hombre ⇒ hombre)	ani lo mevin otχa. אני לא מבין אותך.
No le entiendo. (hombre ⇒ mujer)	ani lo mevin otaχ אני לא מבין אותך.

No le entiendo. (mujer ⇨ hombre)	ani lo mevina otχa.	.אני לא מבינה אותך
No le entiendo. (mujer ⇨ mulher)	ani lo mevina otaχ.	.אני לא מבינה אותך
Váyase, por favor. (⇨ hombre)	leχ mipo bevakaʃa.	.לך מפה בבקשה
Váyase, por favor. (⇨ mujer)	leχi mipo bevakaʃa.	.לכי מפה בבקשה
¡Déjeme en paz! (⇨ hombre)	azov oti!	!עזוב אותי
¡Déjeme en paz! (⇨ mujer)	izvi oti!	!עזבי אותי
Es inaguantable. (hombre ⇨)	ani lo sovel oto.	.אני לא סובל אותו
Es inaguantable. (mujer ⇨)	ani lo so'velet oto.	.אני לא סובלת אותו
¡Es un asqueroso! (⇨ hombre)	ata mag'il!	!אתה מגעיל
¡Es un asqueroso! (⇨ mujer)	at mag'ila!	!את מגעילה
¡Llamaré a la policía!	ani azmin miʃtara!	!אני אזמין משטרה

Compartir impresiones. Emociones

Me gusta.	ze motse xen be'einai.
	זה מוצא חן בעיניי.
Muy lindo.	nexmad me'od.
	נחמד מאוד.
¡Es genial!	ze nehedar!
	זה נהדר!
No está mal.	ze lo ra.
	זה לא רע.
No me gusta.	ze lo motse xen be'einai.
	זה לא מוצא חן בעיניי.
No está bien.	ze lo yafe.
	זה לא יפה.
Está mal.	ze ra.
	זה רע.
Está muy mal.	ze ra me'od.
	זה רע מאוד.
¡Qué asco!	ze mag'il.
	זה מגעיל.
Estoy feliz. (hombre ⇨)	ani me'uʃar.
	אני מאושר.
Estoy feliz. (mujer ⇨)	ani me'uʃeret.
	אני מאושרת.
Estoy contento. (hombre ⇨)	ani merutse.
	אני מרוצה.
Estoy contenta. (mujer ⇨)	ani merutsa.
	אני מרוצה.
Estoy enamorado. (hombre ⇨)	ani me'ohav.
	אני מאוהב.
Estoy enamorada. (mujer ⇨)	ani me'ohevet.
	אני מאוהבת.
Estoy tranquilo. (hombre ⇨)	ani ra'gu'a.
	אני רגוע.
Estoy tranquila. (mujer ⇨)	ani regu'a.
	אני רגועה.
Estoy aburrido. (hombre ⇨)	ani meʃu'amam.
	אני משועמם.
Estoy aburrida. (mujer ⇨)	ani meʃu'a'memet.
	אני משועממת.
Estoy cansado. (hombre ⇨)	ani ayef.
	אני עייף.
Estoy cansada. (mujer ⇨)	ani ayefa.
	אני עייפה.

Estoy triste. (hombre ⇨)	ani atsuv.
	אני עצוב.
Estoy triste. (mujer ⇨)	ani atsuva.
	אני עצובה.
Estoy asustado. (hombre ⇨)	ani poχed.
	אני פוחד.
Estoy asustada. (mujer ⇨)	ani po'χedet.
	אני פוחדת.
Estoy enfadado. (hombre ⇨)	ani ko'es.
	אני כועס.
Estoy enfadada. (mujer ⇨)	ani ko''eset.
	אני כועסת.
Estoy preocupado. (hombre ⇨)	ani mud'ag.
	אני מודאג.
Estoy preocupada. (mujer ⇨)	ani mud''eget.
	אני מודאגת.

Estoy nervioso. (hombre ⇨)	ani atsbani.
	אני עצבני.
Estoy nerviosa. (mujer ⇨)	ani atsbanit.
	אני עצבנית.
Estoy celoso. (hombre ⇨)	ani mekane.
	אני מקנא.
Estoy celosa. (mujer ⇨)	ani mekanet.
	אני מקנאת.
Estoy sorprendido. (hombre ⇨)	ani mufta.
	אני מופתע.
Estoy sorprendida. (mujer ⇨)	ani mufta'at.
	אני מופתעת.
Estoy perplejo. (hombre ⇨)	ani mevulbal.
	אני מבולבל.
Estoy perpleja. (mujer ⇨)	ani mevul'belet.
	אני מבולבלת.

Problemas, Accidentes

Tengo un problema.	yeʃ li be'aya. יש לי בעייה.
Tenemos un problema.	yeʃ 'lanu be'aya. יש לנו בעייה.
Estoy perdido /perdida/.	ha'laχti le'ibud. הלכתי לאיבוד.
Perdí el último autobús.	fis'fasti et ha''otobus ha'aχaron. פספסתי את האוטובוס האחרון.
Perdí el último tren.	fis'fasti et hara'kevet ha'aχrona. פספסתי את הרכבת האחרונה.
No me queda más dinero.	niʃ''arti bli 'kesef. נשארתי בלי כסף.

He perdido …	i'badti et ha … ʃeli איבדתי את ה ... שלי
Me han robado …	miʃehu ganav et ha … ʃeli מישהו גנב את ה ... שלי
mi pasaporte	darkon דרכון
mi cartera	arnak ארנק
mis papeles	te'udot תעודות
mi billete	kartis כרטיס

mi dinero	kesef כסף
mi bolso	tik yad תיק יד
mi cámara	matslema מצלמה
mi portátil	maxʃev nayad מחשב נייד
mi tableta	maxʃev ʃulχani מחשב שולחני
mi teléfono	telefon nayad טלפון נייד

¡Ayúdeme!	izru li! עזרו לי!
¿Qué pasó?	ma kara? מה קרה?

Español	Transliteración	Hebreo
el incendio	srefa	שריפה
un tiroteo	yeriyot	יריות
el asesinato	retsaχ	רצח
una explosión	pitsuts	פיצוץ
una pelea	ktata	קטטה

¡Llame a la policía!	haz'minu miʃtara	הזמינו משטרה!
¡Más rápido, por favor!	ana maharu!	אנא מהרו!
Busco la comisaría. (hombre ⇨)	ani meχapes et taχanat hamiʃtara.	אני מחפש את תחנת המשטרה.
Busco la comisaría. (mujer ⇨)	ani meχa'peset et taχanat hamiʃtara.	אני מחפשת את תחנת המשטרה.
Tengo que hacer una llamada. (hombre ⇨)	ani tsariχ lehitkaʃer.	אני צריך להתקשר.
Tengo que hacer una llamada. (mujer ⇨)	ani tsriχa lehitkaʃer.	אני צריכה להתקשר.
¿Puedo usar su teléfono? (⇨ hombre)	ha'im efʃar lehiʃtameʃ be'telefon ʃelχa?	האם אפשר להשתמש בטלפון שלך?
¿Puedo usar su teléfono? (⇨ mujer)	ha'im efʃar lehiʃtameʃ be'telefon ʃelaχ?	האם אפשר להשתמש בטלפון שלך?

Me han …	ani …	אני …
asaltado /asaltada/	hut'kafti	הותקפתי
robado /robada/	niʃ'dadti	נשדדתי
violada	ne'e'nasti	נאנסתי
atacado /atacada/	hu'keti	הוכיתי

¿Se encuentra bien? (⇨ hombre)	ha'im ata be'seder?	האם אתה בסדר?
¿Se encuentra bien? (⇨ mujer)	ha'im at be'seder?	האם את בסדר?
¿Ha visto quien a sido? (⇨ hombre)	ha'im ra'ita mi asa et ze?	האם ראית מי עשה את זה?
¿Ha visto quien a sido? (⇨ mujer)	ha'im ra'it mi asa et ze?	האם ראית מי עשה את זה?
¿Sería capaz de reconocer a la persona? (⇨ hombre)	ha'im tuχal lezahot et oto adam?	האם תוכל לזהות את אותו אדם?
¿Sería capaz de reconocer a la persona? (⇨ mujer)	ha'im tuχli lezahot et oto adam?	האם תוכלי לזהות את אותו אדם?

Español	Transliteración	Hebreo
¿Está usted seguro? (⇨ hombre)	ha'im ata ba'tuax?	?האם אתה בטוח
¿Está usted seguro? (⇨ mujer)	ha'im at betuxa?	?האם את בטוחה
Por favor, cálmese. (⇨ hombre)	heraga, bevakaʃa.	.הירגע בבקשה
Por favor, cálmese. (⇨ mujer)	herag'i, bevakaʃa.	.הירגעי בבקשה
¡Cálmese! (⇨ hombre)	teraga!	!תירגע
¡Cálmese! (⇨ mujer)	terag'i!	!תירגעי
¡No se preocupe! (⇨ hombre)	al tid'ag!	!אל תדאג
¡No se preocupe! (⇨ mujer)	al tid'agi!	!אל תדאגי
Todo irá bien.	hakol yihye be'seder.	.הכל יהיה בסדר
Todo está bien.	hakol be'seder.	.הכל בסדר
Venga aquí, por favor. (⇨ hombre)	bo 'hena, bevakaʃa.	.בוא הנה, בבקשה
Venga aquí, por favor. (⇨ mujer)	bo'i 'hena, bevakaʃa.	.בואי הנה, בבקשה
Tengo unas preguntas para usted. (⇨ hombre)	yeʃ li 'kama ʃe'elot e'lexa.	.יש לי כמה שאלות אליך
Tengo unas preguntas para usted. (⇨ mujer)	yeʃ li 'kama ʃe'elot e'layix.	.יש לי כמה שאלות אלייך
Espere un momento, por favor. (⇨ hombre)	xake 'rega, bevakaʃa.	.חכה רגע, בבקשה
Espere un momento, por favor. (⇨ mujer)	xaki 'rega, bevakaʃa.	.חכי רגע, בבקשה
¿Tiene un documento de identidad? (⇨ hombre)	ha'im yeʃ lexa te'uda mezaha?	?האם יש לך תעודת מזהה
¿Tiene un documento de identidad? (⇨ mujer)	ha'im yeʃ lax te'uda mezaha?	?האם יש לך תעודה מזהה
Gracias. Puede irse ahora. (⇨ hombre)	toda. ata yaxol la'lexet axʃav.	.תודה. אתה יכול ללכת עכשיו
Gracias. Puede irse ahora. (⇨ mujer)	toda. at yexola la'lexet axʃav.	.תודה. את יכולה ללכת עכשיו
¡Manos detrás de la cabeza!	ya'dayim axarei haroʃ!	!ידיים אחרי הראש
¡Está arrestado! (⇨ hombre)	ata atsur!	!אתה עצור
¡Está arrestada! (⇨ mujer)	at atsura!	!את עצורה

Problemas de salud

Ayudeme, por favor. (⇨ hombre)	azor li bevakaʃa.
	עזור לי בבקשה.
Ayudeme, por favor. (⇨ mujer)	izri li bevakaʃa.
	עזרי לי בבקשה.
No me encuentro bien. (hombre ⇨)	ani lo margiʃ tov.
	אני לא מרגיש טוב.
No me encuentro bien. (mujer ⇨)	ani lo margiʃa tov.
	אני לא מרגישה טוב.
Mi marido no se encuentra bien.	ba'ali lo margiʃ tov.
	בעלי לא מרגיש טוב.
Mi hijo …	haben ʃeli …
	הבן שלי …
Mi padre …	avi …
	אבי …
Mi mujer no se encuentra bien.	iʃti lo margiʃa tov.
	אשתי לא מרגישה טוב.
Mi hija …	habat ʃeli …
	הבת שלי …
Mi madre …	immi …
	אמי …
Me duele …	yeʃ li …
	יש לי …
la cabeza	ke'ev roʃ
	כאב ראש
la garganta	ke'ev garon
	כאב גרון
el estómago	ke'ev 'beten
	כאב בטן
un diente	ke'ev ʃi'nayim
	כאב שיניים
Estoy mareado.	yeʃ li sxar'xoret.
	יש לי סחרחורת.
Él tiene fiebre.	yeʃ lo xom.
	יש לו חום.
Ella tiene fiebre.	yeʃ la xom.
	יש לה חום.
No puedo respirar. (hombre ⇨)	ani lo yaxol linʃom.
	אני לא יכול לנשום.
No puedo respirar. (mujer ⇨)	ani lo yexola linʃom.
	אני לא יכולה לנשום.

Español	Hebreo (transliteración)	Hebreo
Me ahogo.	yeʃ li 'kotser neʃima.	יש לי קוצר נשימה.
Tengo asma. (hombre ⇨)	ani ast'mati.	אני אסתמתי.
Tengo asma. (mujer ⇨)	ani ast'matit.	אני אסתמתית.
Tengo diabetes.	yeʃ li su'keret.	יש לי סוכרת.
No puedo dormir. (hombre ⇨)	ani lo yaχol liʃon.	אני לא יכול לישון.
No puedo dormir. (mujer ⇨)	ani lo yeχola liʃon.	אני לא יכולה לישון.
intoxicación alimentaria	har'alat mazon	הרעלת מזון

Me duele aquí.	ko'ev li kan.	כואב לי כאן.
¡Ayúdeme!	izru li!	עזרו לי!
¡Estoy aquí!	ani po!	אני פה!
¡Estamos aquí!	a'naχnu kan!	אנחנו כאן!
¡Saquenme de aquí!	hots'i'u oti mikan!	הוציאו אותי מכאן!
Necesito un médico. (hombre ⇨)	ani tsariχ rofe.	אני צריך רופא.
Necesito un médico. (mujer ⇨)	ani tsriχa rofe.	אני צריכה רופא.
No me puedo mover. (hombre ⇨)	ani lo yaχol lazuz.	אני לא יכול לזוז.
No me puedo mover. (mujer ⇨)	ani lo yeχola lazuz.	אני לא יכולה לזוז.
No puedo mover mis piernas. (hombre ⇨)	ani lo yaχol lehaziz et harag'layim.	אני לא יכול להזיז את הרגליים.
No puedo mover mis piernas. (mujer ⇨)	ani lo yeχola lehaziz et harag'layim.	אני לא יכולה להזיז את הרגליים.

Tengo una herida.	yeʃ li 'petsa.	יש לי פצע.
¿Es grave?	ha'im ze retsini?	האם זה רציני?
Mis documentos están en mi bolsillo.	hate'udot ʃeli bakis.	התעודות שלי בכיס.
¡Cálmese! (⇨ hombre)	heraga!	הירגע!
¡Cálmese! (⇨ mujer)	herag'i!	הירגעי!
¿Puedo usar su teléfono? (hombre ⇨ hombre)	ha'im ani yaχol lehiʃtameʃ ba'telefon ʃelχa?	האם אני יכול להשתמש בטלפון שלך?

Spanish	Hebrew transliteration
¿Puedo usar su teléfono? (hombre ⇨ mujer)	ha'im ani yaxol lehiʃtameʃ ba'telefon ʃelax?
	האם אני יכול להשתמש בטלפון שלך?
¿Puedo usar su teléfono? (mujer ⇨ mulher)	ha'im ani yexola lehiʃtameʃ ba'telefon ʃelax?
	האם אני יכולה להשתמש בטלפון שלך?
¿Puedo usar su teléfono? (mujer ⇨ hombre)	ha'im ani yexola lehiʃtameʃ ba'telefon ʃelxa?
	האם אני יכולה להשתמש בטלפון שלך?

¡Llame a una ambulancia!	haz'minu 'ambulans!
	הזמינו אמבולנס!
¡Es urgente!	ze daxuf!
	זה דחוף!
¡Es una emergencia!	ze matsav xerum!
	זה מצב חירום!
¡Más rápido, por favor!	ana maharu!
	אנא מהרו!
¿Puede llamar a un médico, por favor? (⇨ hombre)	ha'im ata yaxol lehazmin rofe, bevakaʃa?
	האם אתה יכול להזמין רופא בבקשה?
¿Puede llamar a un médico, por favor? (⇨ mujer)	ha'im at yexola lehazmin rofe, bevakaʃa?
	האם את יכולה להזמין רופא בבקשה?
¿Dónde está el hospital?	eifo beit haxolim?
	איפה בית החולים?

¿Cómo se siente? (⇨ hombre)	eix ata margiʃ?
	איך אתה מרגיש?
¿Cómo se siente? (⇨ mujer)	eix at margiʃa?
	איך את מרגישה?
¿Se encuentra bien? (⇨ hombre)	ha'im ata be'seder?
	האם אתה בסדר?
¿Se encuentra bien? (⇨ mujer)	ha'im at be'seder?
	האם את בסדר?
¿Qué pasó?	ma kara?
	מה קרה?
Me encuentro mejor. (hombre ⇨)	ani margiʃ yoter tov axʃav.
	אני מרגיש טוב יותר עכשיו.
Me encuentro mejor. (mujer ⇨)	ani margiʃa yoter tov axʃav.
	אני מרגישה טוב יותר עכשיו.
Está bien.	ze be'seder.
	זה בסדר.
Todo está bien.	ze be'seder.
	זה בסדר.

En la farmacia

la farmacia	beit mer'kaxat בית מרקחת
la farmacia 24 horas	beit mer'kaxat pa'tuax esrim ve'arba ʃa'ot biymama בית מרקחת פתוח עשרים וארבע שעות בימה
¿Dónde está la farmacia más cercana?	eifo beit hamer'kaxat hakarov beyoter? איפה בית המרקחת הקרוב ביותר?
¿Está abierta ahora?	ha'im ze pa'tuax axʃav? האם זה פתוח עכשיו?
¿A qué hora abre?	be''eizo ʃa'a ze niftax? באיזו שעה זה נפתח?
¿A qué hora cierra?	be''eizo ʃa'a ze nisgar? באיזו שעה זה נסגר?
¿Está lejos?	ha'im ze raxok? האם זה רחוק?
¿Puedo llegar a pie? (hombre ⇒)	ha'im ani yaxol la'lexet leʃam ba'regel? האם אני יכול ללכת לשם ברגל?
¿Puedo llegar a pie? (mujer ⇒)	ha'im ani yexola la'lexet leʃam ba'regel? האם אני יכולה ללכת לשם ברגל?
¿Puede mostrarme en el mapa? (⇒ hombre)	ha'im ata yaxol lehar'ot li al hamapa? האם אתה יכול להראות לי על המפה?
¿Puede mostrarme en el mapa? (⇒ mujer)	ha'im at yexola lehar'ot li al hamapa? האם את יכולה להראות לי על המפה?
Por favor, deme algo para ... (⇒ hombre)	ten li bevakaʃa 'maʃehu 'neged ... תן לי בבקשה משהו נגד ...
Por favor, deme algo para ... (⇒ mujer)	tni li bevakaʃa 'maʃehu 'neged ... תני לי בבקשה משהו נגד ...
un dolor de cabeza	ke'ev roʃ כאב ראש
la tos	ʃi'ul שיעול
el resfriado	hitkarerut התקררות
la gripe	ʃa'pa'at שפעת
la fiebre	xom חום
un dolor de estomago	ke'ev 'beten כאב בטן

nauseas	bxila	בחילה
la diarrea	ʃilʃul	שלשול
el estreñimiento	atsirut	עצירות

un dolor de espalda	ke'ev bagav	כאב בגב
un dolor de pecho	ke'ev baxaze	כאב בחזה
el flato	dkirot batsad	דקירות בצד
un dolor abdominal	ke'ev ba'beten	כאב בבטן

la píldora	glula	גלולה
la crema	miʃxa, krem	משחה, קרם
el jarabe	sirop	סירופ
el spray	tarsis	תרסיס
las gotas	tipot	טיפות

Tiene que ir al hospital. (⇨ hombre)	ata tsarix la'lexet leveit xolim.	אתה צריך ללכת לבית חולים.
Tiene que ir al hospital. (⇨ mujer)	at tsrixa la'lexet leveit xolim.	את צריכה ללכת לבית חולים.
el seguro de salud	bi'tuax bri'ut	ביטוח בריאות
la receta	mirʃam	מרשם
el repelente de insectos	doxe xarakim	דוחה חרקים
la curita	plaster	פלסטר

Lo más imprescindible

Perdone, ... (⇨ hombre) | slaẋ li, ...
סלח לי, ...

Perdone, ... (⇨ mujer) | silẋi li, ...
סלחי לי, ...

Hola. | ʃalom.
שלום.

Gracias. | toda.
תודה.

Sí. | ken.
כן.

No. | lo.
לא.

No lo sé. (hombre ⇨) | ani lo yo'de'a.
אני לא יודע.

No lo sé. (mujer ⇨) | ani lo yo'da'at.
אני לא יודעת.

¿Dónde? | ¿A dónde? | ¿Cuándo? | eifo? | le'an? | matai?
איפה? | לאן ? | מתי?

Necesito ... (hombre ⇨) | ani tsariẋ ...
אני צריך ...

Necesito ... (mujer ⇨) | ani tsriẋa ...
אני צריכה ...

Quiero ... (hombre ⇨) | ani rotse ...
אני רוצה ...

Quiero ... (mujer ⇨) | ani rotsa ...
אני רוצה ...

¿Tiene ...? (⇨ hombre) | ha'im yeʃ leẋa ...?
האם יש לך ...?

¿Tiene ...? (⇨ mujer) | ha'im yeʃ laẋ ...?
האם יש לך ...?

¿Hay ... por aquí? | ha'im yeʃ po ...?
האם יש פה ...?

¿Puedo ...? (hombre ⇨) | ha'im ani yaẋol ...?
האם אני יכול ...?

¿Puedo ...? (mujer ⇨) | ha'im ani yeẋola ...?
האם אני יכולה ...?

..., por favor? (petición educada) | ..., bevakaʃa
בבקשה, ...

Busco ... (hombre ⇨) | ani meẋapes ...
אני מחפש ...

Busco ... (mujer ⇨) | ani meẋa'peset ...
אני מחפשת ...

el servicio	ʃerutim שירותים
un cajero automático	kaspomat כספומט
una farmacia	beit mer'kaχat בית מרקחת
el hospital	beit χolim בית חולים
la comisaría	taχanat miʃtara תחנת משטרה
el metro	ra'kevet taχtit רכבת תחתית
un taxi	monit, 'teksi מונית, טקסי
la estación de tren	taχanat ra'kevet תחנת רכבת

Me llamo …	kor'im li … קוראים לי …
¿Cómo se llama? (⇨ hombre)	eiχ kor'im leχa? איך קוראים לך?
¿Cómo se llama? (⇨ mujer)	eiχ kor'im laχ? איך קוראים לך?

¿Puede ayudarme, por favor? (⇨ hombre)	ha'im ata yaχol la'azor li? האם אתה יכול לעזור לי?
¿Puede ayudarme, por favor? (⇨ mujer)	ha'im at yeχola la'azor li? האם את יכולה לעזור לי?
Tengo un problema.	yeʃ li be'aya. יש לי בעייה.
Me encuentro mal. (hombre ⇨)	ani lo margiʃ tov. אני לא מרגיש טוב.
Me encuentro mal. (mujer ⇨)	ani lo margiʃa tov. אני לא מרגישה טוב.

¡Llame a una ambulancia! (⇨ hombre)	hazmen 'ambulans! הזמן אמבולנס!
¡Llame a una ambulancia! (⇨ mujer)	haz'mini 'ambulans! הזמיני אמבולנס!
¿Puedo llamar, por favor? (hombre ⇨)	ha'im ani yaχol lehitkaʃer? האם אני יכול להתקשר?
¿Puedo llamar, por favor? (mujer ⇨)	ha'im ani yeχola lehitkaʃer? האם אני יכולה להתקשר?

Lo siento. (hombre ⇨)	ani mitsta'er. אני מצטער.
Lo siento. (mujer ⇨)	ani mitsta"eret. אני מצטערת.
De nada.	ein be'ad ma, bevakaʃa. אין בעד מה, בבקשה.
Yo	ani אני

tú (masc.)	ata אתה
tú (fem.)	at את
él	hu הוא
ella	hi היא
ellos	hem הם
ellas	hen הן
nosotros /nosotras/	a'naxnu אנחנו
ustedes, vosotros (masc.)	atem אתם
ustedes, vosotras (fem.)	aten אתן
usted (masc.)	ata אתה
usted (fem.)	at את

ENTRADA	knisa כניסה
SALIDA	yetsi'a יציאה
FUERA DE SERVICIO	lo po'el לא פועל
CERRADO	sagur סגור
ABIERTO	pa'tuax פתוח
PARA SEÑORAS	lenaʃim לנשים
PARA CABALLEROS	ligvarim לגברים

MINI DICCIONARIO

Esta sección contiene 250 palabras útiles necesarias para la comunicación diaria. Encontrará ahí los nombres de los meses y de los días de la semana.
El diccionario también contiene temas relevantes tales como colores, medidas, familia, y más

T&P Books Publishing

CONTENIDO DEL DICCIONARIO

1. La hora. El calendario — 83
2. Números. Los numerales — 84
3. El ser humano. Los familiares — 85
4. El cuerpo. La anatomía humana — 86
5. La ropa. Accesorios personales — 87
6. La casa. El apartamento — 88

T&P Books Publishing

1. La hora. El calendario

tiempo (m)	zman	זְמַן (ז)
hora (f)	ʃaʻa	שָׁעָה (נ)
media hora (f)	χatsi ʃaʻa	חֲצִי שָׁעָה (נ)
minuto (m)	daka	דַקָה (נ)
segundo (m)	ʃniya	שְׁנִייָה (נ)
hoy (adv)	hayom	הַיוֹם
mañana (adv)	maχar	מָחָר
ayer (adv)	etmol	אֶתמוֹל
lunes (m)	yom ʃeni	יוֹם שֵׁנִי (ז)
martes (m)	yom ʃliʃi	יוֹם שְׁלִישִׁי (ז)
miércoles (m)	yom reviʻi	יוֹם רְבִיעִי (ז)
jueves (m)	yom χamiʃi	יוֹם חֲמִישִׁי (ז)
viernes (m)	yom ʃiʃi	יוֹם שִׁישִׁי (ז)
sábado (m)	ʃabat	שַׁבָּת (נ)
domingo (m)	yom riʃon	יוֹם רִאשׁוֹן (ז)
día (m)	yom	יוֹם (ז)
día (m) de trabajo	yom avoda	יוֹם עֲבוֹדָה (ז)
día (m) de fiesta	yom χag	יוֹם חַג (ז)
fin (m) de semana	sof ʃavuʻa	סוֹף שָׁבוּעַ
semana (f)	ʃavua	שָׁבוּעַ (ז)
semana (f) pasada	baʃavuʻa ʃeʻavar	בַּשָׁבוּעַ שֶׁעָבַר
semana (f) que viene	baʃavuʻa haba	בַּשָׁבוּעַ הַבָּא
por la mañana	baˈboker	בַּבּוֹקֶר
por la tarde	aχar hatsahaˈrayim	אַחַר הַצָהֳרַיִים
por la noche	baʻʻerev	בָּעֶרֶב
esta noche (p.ej. 8:00 p.m.)	haʻʻerev	הָעֶרֶב
por la noche	baˈlaila	בַּלַיְלָה
medianoche (f)	χatsot	חֲצוֹת (נ)
enero (m)	ˈyanuˈar	יָנוּאָר (ז)
febrero (m)	ˈfebruˈar	פֶבּרוּאָר (ז)
marzo (m)	merts	מֶרץ (ז)
abril (m)	april	אַפּרִיל (ז)
mayo (m)	mai	מַאי (ז)
junio (m)	ˈyuni	יוּנִי (ז)
julio (m)	ˈyuli	יוּלִי (ז)
agosto (m)	ˈogust	אוֹגוּסט (ז)

septiembre (m)	sep'tember	סֶפְּטֶמְבֶּר (ז)
octubre (m)	ok'tober	אוֹקְטוֹבֶּר (ז)
noviembre (m)	no'vember	נוֹבֶמְבֶּר (ז)
diciembre (m)	de'tsember	דֶצֶמְבֶּר (ז)
en primavera	ba'aviv	בָּאָבִיב
en verano	ba'kayits	בַּקַיִץ
en otoño	bestav	בְּסְתָיו
en invierno	ba'xoref	בַּחוֹרֶף
mes (m)	'xodeʃ	חוֹדֶשׁ (ז)
estación (f)	ona	עוֹנָה (נ)
año (m)	ʃana	שָׁנָה (נ)

2. Números. Los numerales

cero	'efes	אֶפֶס (ז)
uno	exad	אֶחָד (ז)
dos	'ʃtayim	שְׁתַיִים (נ)
tres	ʃaloʃ	שָׁלוֹשׁ (נ)
cuatro	arba	אַרְבַּע (נ)
cinco	xameʃ	חָמֵשׁ (נ)
seis	ʃeʃ	שֵׁשׁ (נ)
siete	'ʃeva	שֶׁבַע (נ)
ocho	'ʃmone	שְׁמוֹנֶה (נ)
nueve	'teʃa	תֵשַׁע (נ)
diez	'eser	עֶשֶׂר (נ)
once	axat esre	אַחַת־עֶשְׂרֵה (נ)
doce	ʃteim esre	שְׁתֵים־עֶשְׂרֵה (נ)
trece	ʃloʃ esre	שְׁלוֹשׁ־עֶשְׂרֵה (נ)
catorce	arba esre	אַרְבַּע־עֶשְׂרֵה (נ)
quince	xameʃ esre	חָמֵשׁ־עֶשְׂרֵה (נ)
dieciséis	ʃeʃ esre	שֵׁשׁ־עֶשְׂרֵה (נ)
diecisiete	ʃva esre	שְׁבַע־עֶשְׂרֵה (נ)
dieciocho	ʃmone esre	שְׁמוֹנֶה־עֶשְׂרֵה (נ)
diecinueve	tʃa esre	תְשַׁע־עֶשְׂרֵה (נ)
veinte	esrim	עֶשְׂרִים
treinta	ʃloʃim	שְׁלוֹשִׁים
cuarenta	arba'im	אַרְבָּעִים
cincuenta	xamiʃim	חָמִישִׁים
sesenta	ʃiʃim	שִׁישִׁים
setenta	ʃiv'im	שִׁבְעִים
ochenta	ʃmonim	שְׁמוֹנִים
noventa	tiʃ'im	תִשְׁעִים
cien	'me'a	מֵאָה (נ)

doscientos	ma'tayim	מָאתַיִים
trescientos	ʃloʃ me'ot	שְׁלוֹשׁ מֵאוֹת (נ)
cuatrocientos	arba me'ot	אַרְבַּע מֵאוֹת (נ)
quinientos	χameʃ me'ot	חָמֵשׁ מֵאוֹת (נ)
seiscientos	ʃeʃ me'ot	שֵׁשׁ מֵאוֹת (נ)
setecientos	ʃva me'ot	שֶׁבַע מֵאוֹת (נ)
ochocientos	ʃmone me'ot	שְׁמוֹנֶה מֵאוֹת (נ)
novecientos	tʃa me'ot	תְּשַׁע מֵאוֹת (נ)
mil	'elef	אֶלֶף (ז)
diez mil	a'seret alafim	עֲשֶׂרֶת אֲלָפִים (ז)
cien mil	'me'a 'elef	מֵאָה אֶלֶף (ז)
millón (m)	milyon	מִילְיוֹן (ז)
mil millones	milyard	מִילְיַארְד (ז)

3. El ser humano. Los familiares

hombre (m) (varón)	'gever	גֶּבֶר (ז)
joven (m)	baχur	בָּחוּר (ז)
mujer (f)	iʃa	אִשָּׁה (נ)
muchacha (f)	baχura	בַּחוּרָה (נ)
anciano (m)	zaken	זָקֵן (ז)
anciana (f)	zkena	זְקֵנָה (נ)
madre (f)	em	אֵם (נ)
padre (m)	av	אָב (ז)
hijo (m)	ben	בֵּן (ז)
hija (f)	bat	בַּת (נ)
hermano (m)	aχ	אָח (ז)
hermana (f)	aχot	אָחוֹת (נ)
padres (pl)	horim	הוֹרִים (ז"ר)
niño -a (m, f)	'yeled	יֶלֶד (ז)
niños (pl)	yeladim	יְלָדִים (ז"ר)
madrastra (f)	em χoreget	אֵם חוֹרֶגֶת (נ)
padrastro (m)	av χoreg	אָב חוֹרֵג (ז)
abuela (f)	'savta	סָבְתָא (נ)
abuelo (m)	'saba	סָבָּא (ז)
nieto (m)	'neχed	נֶכֶד (ז)
nieta (f)	neχda	נֶכְדָה (נ)
nietos (pl)	neχadim	נְכָדִים (ז"ר)
tío (m)	dod	דּוֹד (ז)
tía (f)	'doda	דּוֹדָה (נ)
sobrino (m)	aχyan	אַחְיָן (ז)
sobrina (f)	aχyanit	אַחְיָינִית (נ)
mujer (f)	iʃa	אִשָּׁה (נ)

marido (m)	'ba‘al	בַּעַל (ז)
casado (adj)	nasui	נָשׂוּי
casada (adj)	nesu'a	נְשׂוּאָה
viuda (f)	almana	אַלמָנָה (נ)
viudo (m)	alman	אַלמָן (ז)
nombre (m)	ʃem	שֵׁם (ז)
apellido (m)	ʃem miʃpaχa	שֵׁם מִשׁפָּחָה (ז)
pariente (m)	karov miʃpaχa	קָרוֹב מִשׁפָּחָה (ז)
amigo (m)	χaver	חָבֵר (ז)
amistad (f)	yedidut	יְדִידוּת (נ)
compañero (m)	ʃutaf	שׁוּתָף (ז)
superior (m)	memune	מְמוּנֶה (ז)
colega (m, f)	amit	עָמִית (ז)
vecinos (pl)	ʃχenim	שׁכֵנִים (ז"ר)

4. El cuerpo. La anatomía humana

cuerpo (m)	guf	גוּף (ז)
corazón (m)	lev	לֵב (ז)
sangre (f)	dam	דָם (ז)
cerebro (m)	'moaχ	מוֹחַ (ז)
hueso (m)	'etsem	עֶצֶם (נ)
columna (f) vertebral	amud haʃidra	עַמוּד הַשִׁדרָה (ז)
costilla (f)	'tsela	צֶלָע (ז)
pulmones (m pl)	re'ot	רֵיאוֹת (נ"ר)
piel (f)	or	עוֹר (ז)
cabeza (f)	roʃ	רֹאשׁ (ז)
cara (f)	panim	פָּנִים (ז"ר)
nariz (f)	af	אַף (ז)
frente (f)	'metsaχ	מֵצַח (ז)
mejilla (f)	'leχi	לֶחִי (נ)
boca (f)	pe	פֶּה (ז)
lengua (f)	laʃon	לָשׁוֹן (נ)
diente (m)	ʃen	שֵׁן (נ)
labios (m pl)	sfa'tayim	שׂפָתַיִים (נ"ר)
mentón (m)	santer	סַנטֵר (ז)
oreja (f)	'ozen	אוֹזֶן (נ)
cuello (m)	tsavar	צַוָואר (ז)
ojo (m)	'ayin	עַיִן (נ)
pupila (f)	iʃon	אִישׁוֹן (ז)
ceja (f)	gaba	גַבָּה (נ)
pestaña (f)	ris	רִיס (ז)
pelo, cabello (m)	se‘ar	שֵׂיעָר (ז)

peinado (m)	tis'roket	תִסְרוֹקֶת (נ)
bigote (m)	safam	שָׂפָם (ז)
barba (f)	zakan	זָקָן (ז)
tener (~ la barba)	legadel	לְגַדֵל
calvo (adj)	ke'reaχ	קֵירֵחַ

mano (f)	kaf yad	כַּף יָד (נ)
brazo (m)	yad	יָד (נ)
dedo (m)	'etsba	אֶצְבַּע (נ)
uña (f)	tsi'poren	צִיפּוֹרֶן (ז)
palma (f)	kaf yad	כַּף יָד (נ)

hombro (m)	katef	כָּתֵף (נ)
pierna (f)	'regel	רֶגֶל (נ)
rodilla (f)	'bereχ	בֶּרֶך (נ)
talón (m)	akev	עָקֵב (ז)
espalda (f)	gav	גַב (ז)

5. La ropa. Accesorios personales

ropa (f)	bgadim	בְּגָדִים (ז"ר)
abrigo (m)	me'il	מְעִיל (ז)
abrigo (m) de piel	me'il parva	מְעִיל פַּרְוָה (ז)
cazadora (f)	me'il katsar	מְעִיל קָצָר (ז)
impermeable (m)	me'il 'geʃem	מְעִיל גֶשֶם (ז)

camisa (f)	χultsa	חוּלְצָה (נ)
pantalones (m pl)	miχna'sayim	מִכְנָסַיִים (ז"ר)
chaqueta (f), saco (m)	ʒaket	ז׳קֶט (ז)
traje (m)	χalifa	חֲלִיפָה (נ)

vestido (m)	simla	שִׂמְלָה (נ)
falda (f)	χatsa'it	חֲצָאִית (נ)
camiseta (f) (T-shirt)	ti ʃert	טִי שֶרט (ז)
bata (f) de baño	χaluk raχatsa	חָלוּק רַחֲצָה (ז)
pijama (m)	pi'dʒama	פִּיגָ'מָה (נ)
ropa (f) de trabajo	bigdei avoda	בִּגְדֵי עֲבוֹדָה (ז"ר)

ropa (f) interior	levanim	לְבָנִים (ז"ר)
calcetines (m pl)	gar'bayim	גַרְבַּיִים (ז"ר)
sostén (m)	χaziya	חֲזִייָה (נ)
pantimedias (f pl)	garbonim	גַרְבּוֹנִים (ז"ר)
medias (f pl)	garbei 'nailon	גַרְבֵּי נַיילוֹן (ז"ר)
traje (m) de baño	'beged yam	בֶּגֶד יָם (ז)

gorro (m)	'kova	כּוֹבַע (ז)
calzado (m)	han'ala	הַנְעָלָה (נ)
botas (f pl) altas	maga'fayim	מַגָפַיִים (ז"ר)
tacón (m)	akev	עָקֵב (ז)
cordón (m)	sroχ	שְׂרוֹך (ז)

betún (m)	miʃxat na'alayim	מִשְׁחַת נַעֲלַיִים (נ)
guantes (m pl)	kfafot	כְּפָפוֹת (נ״ר)
manoplas (f pl)	kfafot	כְּפָפוֹת (נ״ר)
bufanda (f)	tsa'if	צָעִיף (ז)
gafas (f pl)	miʃka'fayim	מִשְׁקָפַיִים (ז״ר)
paraguas (m)	mitriya	מִטְרִיָּה (נ)
corbata (f)	aniva	עֲנִיבָה (נ)
moquero (m)	mimxata	מִמְחָטָה (נ)
peine (m)	masrek	מַסְרֵק (ז)
cepillo (m) de pelo	miv'reʃet se'ar	מִבְרֶשֶׁת שִׂיעָר (נ)
hebilla (f)	avzam	אַבְזָם (ז)
cinturón (m)	xagora	חֲגוֹרָה (נ)
bolso (m)	tik	תִּיק (ז)

6. La casa. El apartamento

apartamento (m)	dira	דִּירָה (נ)
habitación (f)	'xeder	חֶדֶר (ז)
dormitorio (m)	xadar ʃena	חֲדַר שֵׁינָה (ז)
comedor (m)	pinat 'oxel	פִּינַת אוֹכֶל (נ)
salón (m)	salon	סָלוֹן (ז)
despacho (m)	xadar avoda	חֲדַר עֲבוֹדָה (ז)
antecámara (f)	prozdor	פְּרוֹזְדוֹר (ז)
cuarto (m) de baño	xadar am'batya	חֲדַר אַמְבַּטְיָה (ז)
servicio (m)	ʃerutim	שֵׁירוּתִים (ז״ר)
aspirador (m), aspiradora (f)	ʃo'ev avak	שׁוֹאֵב אָבָק (ז)
fregona (f)	magev im smartut	מַגֵּב עִם סְמַרְטוּט (ז)
trapo (m)	smartut avak	סְמַרְטוּט אָבָק (ז)
escoba (f)	mat'ate katan	מַטְאֲטֵא קָטָן (ז)
cogedor (m)	ya'e	יָעֶה (ז)
muebles (m pl)	rehitim	רָהִיטִים (ז״ר)
mesa (f)	ʃulxan	שׁוּלחָן (ז)
silla (f)	kise	כִּסֵּא (ז)
sillón (m)	kursa	כּוּרסָה (נ)
espejo (m)	mar'a	מַרְאָה (נ)
tapiz (m)	ʃa'tiax	שָׁטִיחַ (ז)
chimenea (f)	ax	אָח (נ)
cortinas (f pl)	vilonot	וִילוֹנוֹת (ז״ר)
lámpara (f) de mesa	menorat ʃulxan	מְנוֹרַת שׁוּלחָן (נ)
lámpara (f) de araña	niv'reʃet	נִבְרֶשֶׁת (נ)
cocina (f)	mitbax	מִטְבָּח (ז)
cocina (f) de gas	tanur gaz	תַּנוּר גָּז (ז)
cocina (f) eléctrica	tanur xaʃmali	תַּנוּר חַשְׁמַלִי (ז)

horno (m) microondas	mikrogal	מִיקרוֹגַל (ז)
frigorífico (m)	mekarer	מְקָרֵר (ז)
congelador (m)	makpi	מַקפִּיא (ז)
lavavajillas (m)	me'diax kelim	מֵדִיחַ כֵּלִים (ז)
grifo (m)	'berez	בֶּרֶז (ז)
picadora (f) de carne	matxenat basar	מַטחֲנַת בָּשָׂר (נ)
exprimidor (m)	masxeta	מַסחֵטָה (נ)
tostador (m)	'toster	טוֹסטֶר (ז)
batidora (f)	'mikser	מִיקסֶר (ז)
cafetera (f) (aparato de cocina)	mexonat kafe	מְכוֹנַת קָפֶה (נ)
hervidor (m) de agua	kumkum	קוּמקוּם (ז)
tetera (f)	kumkum	קוּמקוּם (ז)
televisor (m)	tele'vizya	טֶלֶווִיזיָה (נ)
vídeo (m)	maxʃir 'vide'o	מַכשִׁיר וִידָאוֹ (ז)
plancha (f)	maghets	מַגהֵץ (ז)
teléfono (m)	'telefon	טֶלֶפוֹן (ז)

www.ingramcontent.com/pod-product-compliance
Lightning Source LLC
Chambersburg PA
CBHW071504070426
42452CB00041B/2283